Business ComicSeries

まんがで身につく 幸福論

仕事と人生を豊かにするアランの言葉

小川仁志 著
シニオテルヤ まんが

あさ出版

おもな登場人物

・Story

雑誌編集者の内海祐希は、
口を開けば仕事に対する
不満ばかり。
「このままじゃ
幸せになれない……」と
グチをこぼす。
だが、アランの言葉を知り、
取材を重ねていくうちに、
「幸せ」の本質に
気づきはじめる――。

内海祐希
（うつみ・ゆき）

雑誌編集者として働く23歳。
気が強くて、やや怒りっぽい。
周囲に不満やグチを
ぶつけることも。

小林真央
（こばやし・まお）

内海の同期。21歳。
男性社員からの人気が高い。
仕事をバリバリこなす
内海にやや嫉妬心が……。

霧山修一
（きりやま・しゅういち）

内海の先輩編集者。30歳。
アランの『幸福論』を
愛読しており、内海に
何かとアドバイスする。

吉澤　勇
（よしざわ・ゆう）

アルバイトとして働く
大学生。ミスが多く、
怒られることもしばしば。
性格はやや内向的。

近藤賢一
（こんどう・けんいち）

編集部のデスク。
感情的になりやすく、
すぐ怒鳴る。

藤田　誠
（ふじた・まこと）

編集長。
マイペースで、
あまり物事に動じない。
スポーツ新聞を常に
持っている。

Chapter 1

仕事の大小で幸せは決まらない

～「希望」を捨てないおばあさんの生き方～

仕事に不満をもつ内海はあるとき、先輩・霧山からアランの言葉を教えてもらう。そして、ある取材を通じて、「幸せ」の本質を知ることに――。

やきとり
あ～もう最ッ低!!
ダァーン!!
内海《うつみ》祐希《ゆき》(23)
なによあの編集長
私のことバカにしてー!!
あんなネタでどうやって
記事を書けって言うのよー!

大体なんなのよ『人の言葉を話すワンちゃんの秘密』って…
ガシガシ
そんなのペット雑誌にやらせなさいよ!
え〜
私は楽しそうだと思うけどな〜ワンちゃん可愛いし!
楽しくないっ!
小林《こばやし》真央《まお》(21)
あはは
吉澤《よしざわ》 勇《ゆう》(20)
……
霧山修一《きりやましゅういち》(30)
もうやめる!!
うがーっ
絶対やめてやるっっ!!

いつから か社会の悪を糾弾し
世の中の不正を追求するマスコミという仕事に憧れを持つようになっていた
将来の夢もテレビ局や出版社に勤めてバリバリ働くことだったし
進学だって地元の大学ではなく都内の有名私立大学に進んで
在学中も一生懸命勉強した

その甲斐あってか
ようやく念願の出版社に
入社し
内定
それも週刊アーサの
編集部配属になった
ときは有頂天になった
ものだった！
おめでとう
これでようやく
「政治家の献金
問題を徹底追及」
「一流企業の裏の顔を暴く」
といったスクープ記事を
あげられると思っていた…
ピ
のに
蓋を開けてみれば
大違い
はい
経験値不足という理由で
取材するのは
上から回ってくる
微妙なネタばかり
「畑で奇妙な形のダイコンを
発見した」「人の言葉を話す
ワンちゃんの秘密」
「男性が選ぶ好きな女子アナ
ランキング」…

こんなつまらない取材じゃなくて
もっと大きくて社会的な関心のある
取材がした————っい!!
アホー
…と毎日をもんもんと過ごす日々なのです
……
カタカタカタ
そして今日もいつものメンバーといつもの飲み屋でグチをぶちまけていたのでした
うう…
もう～ほどほどにしなよ？飲みすぎだってば
だってー

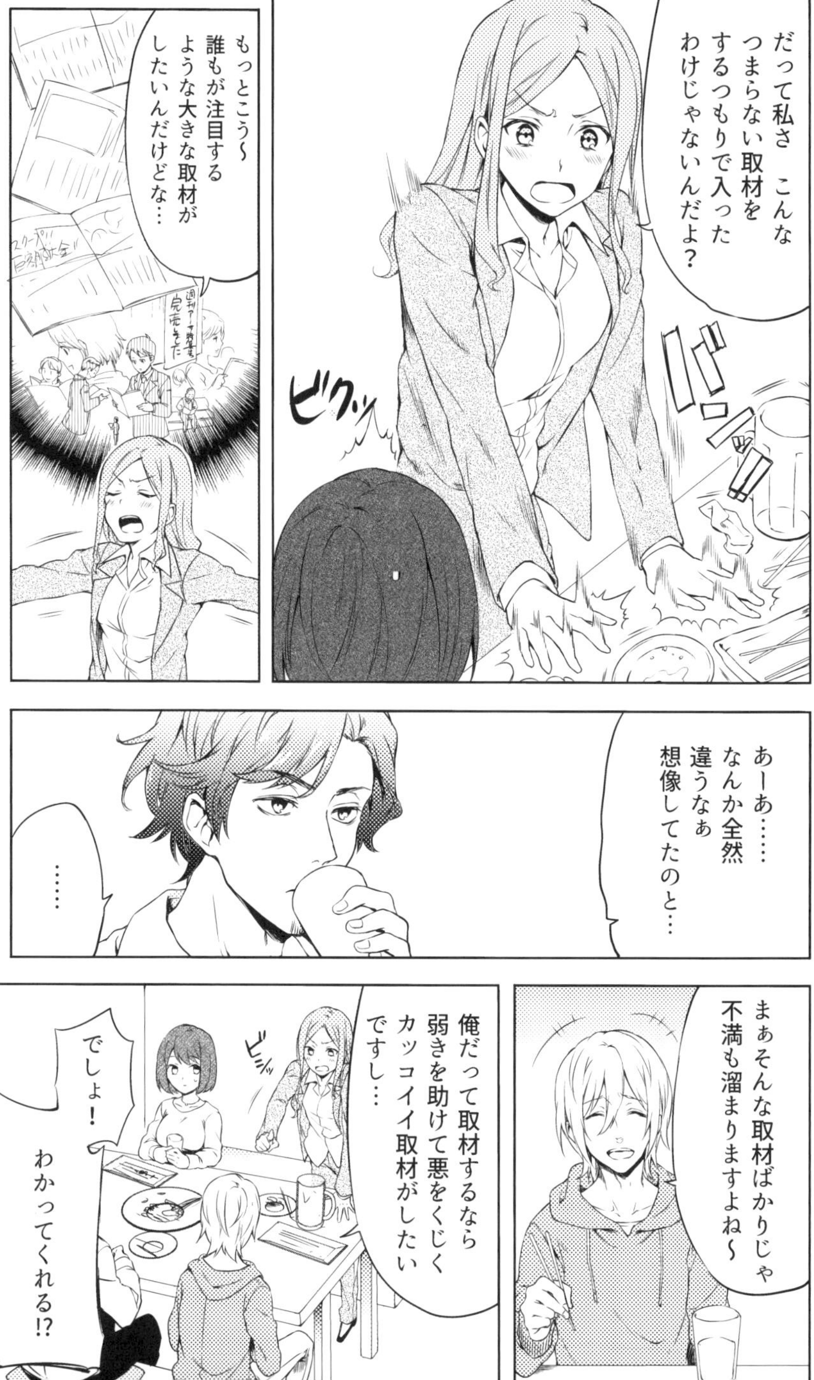
だって私さ こんなつまらない取材をするつもりで入ったわけじゃないんだよ？
バンッ
ビクッ
もっとこう〜誰もが注目するような大きな取材がしたいんだけどな…
あーあ……なんか全然違うなぁ想像してたのと…
……
まぁそんな取材ばかりじゃ不満も溜まりますよね〜
俺だって取材するなら弱きを助けて悪をくじくカッコイイ取材がしたいですし…
ビシッ
でしょ！
わかってくれる⁉

なんか今のままじゃ私
絶対幸せになれない
気がするよ…
あのな
じゃ
どうすれば
お前は幸せに
なるんだよ
ビシッ
そんなの
決まってるじゃ
ないですか！
大きな
スクープを取って
仕事が順調に
いくことですよ
はぁ〜っ
やっぱり全然わかってないな
幸せってそういうもんじゃ
ないんだぞ
のそっ
こんな言葉を
知っているか？
『われわれの社会は
求めようと
しない者には
何ひとつ与えない
要するに豊かに
なりたいと欲すれば
誰でもそうなるのだ』

……
……
いいか
アランの『幸福論』に
よればだな…
サッ
っていうかよく
わかりません
すみま
せーん
生ビール
おかわり
くださーい!
よろこんでー!!
それより
ちょっと
聞いてよ〜
……
はぁ〜…

翌日
な
なななんですか
これ!!
わなわな
週刊アーサ
なにって
お前の記事だろ
そんなことは
わかってますよ!
バッ
編集長!!
どうしてですか!!
ずずいっ!!
一週間かけて取材したのに
私の記事がこれだけの
ページなんですか!!
ちょこっと

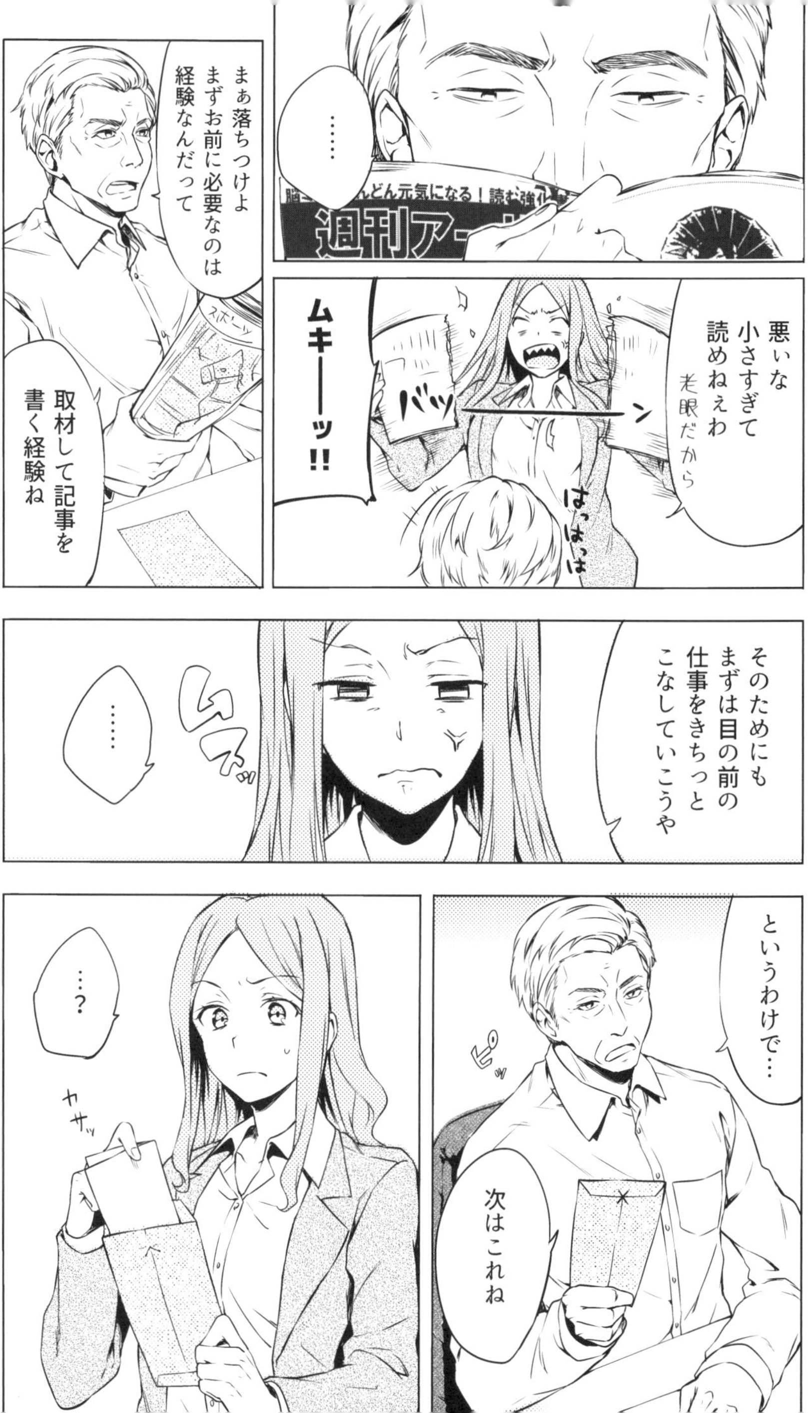
……
脳…んどん元気になる！読む強化…
週刊アー…
まぁ落ちつけよ まずお前に必要なのは 経験なんだって
取材して記事を 書く経験ね
悪ぃな 小さすぎて 読めねぇわ
老眼だから
バッ
ムキーーッ!!
はっはっは
そのためにも まずは目の前の 仕事をきちっと こなしていこうや
ムスッ
……
というわけで…
ピッ
次はこれね
…？
カサッ

〈中略〉私たちの施設に
身寄りのない子どもたちの
ために縫物を届けてくれる
おばあちゃんがいます
ぜひその
おばあちゃんを
取材して
いただけませんか？
ヘッ
またか…
よーし
文句があるなら
言ってみろ
聞くだけ聞いてやる
いえいえ〜
ニッコー
では
ありがたく経験を
積んできます♡
……
クルッ

バッ
もうムリ！
限界!!
この取材を最後に
絶対やめてやるっ!!
こどもの家あさがお園
それでは
今日はよろしく
お願いします
はい
よろしくねぇ
よろしく
おねがい
しまーす！

キャー
キャー
コラッ!
あそんでー!!
おんぶしてー
コラッ!!
ぼくもぼくも!!
とってー
しゃしんとってー

はぁ…
なんだ〜？
ため息ついてると
幸せも逃げてくぞ
先輩…
もう本当イヤなんですけど
どうしたらいいですか!?
モチベーションは
上がらないし
ヤル気も起きないし
子どもたちは
邪魔して
くるし
ふーん
おばあさんは
普通の人だし
はぁ
そもそも
記事にする
意義がわから
ないし
へぇ

アランの幸福論とは

ラッセル、ヒルティと並んで「三大幸福論」と称される。
哲学教師であったアランが、新聞に連載していたエッセイをまとめたもので、普通の哲学書と違って非常に読みやすいのが特徴。
わかりやすい言葉で、前向きでいられるコツを解説している。

…なんのことか全然わからないんですけど…
アランバカだ…
そしてまたアランですか
そうだよそもそもこの言葉の意味はわかるか？
ビシッ
はい！わかりません！
腹立つほどにいい返事だな
少しは考えろ
プルルルル
プルルルル
んぎぎ
はい　こちらアーサ編集——
またモメてんのかよ
イラ
イラ
ガチャ
なっ…
本当か!?
おい内海！大変だ！
お前が取材してたばあさん宅が火事になったらしい!!

…どうやら近くで不審火があったそうでそれに巻き込まれたらしい
幸い家にいなかったから命に別状はないそうだが…
内海!?
ダッ
……
『怒りと絶望はまず第一に克服しなければならない敵である』
『それには信じなければいけない希望をもたねばならないそして微笑まねばならないこうしながら仕事を続けなければならない』

！
そんな…こんなのって…
おばあちゃん！大丈夫!?
あぁ わざわざ来てくれたのかい？心配をかけてしまったね ありがとう
ミシンもボロボロじゃない…！
でも大丈夫だよ これくらいどうってことないわ
またゼロからやり直すしかないねぇ

そんなこと言ったってこれじゃ…
なぁに 若いときにも大きな地震で被災したけど それに比べれば まだまだましなもんだよ
とにかく希望を捨てないで頑張ってみるしかないね
なんで…
落ち込んで自暴自棄になってもおかしくないのに…
何か残ってるものはないかねぇ…
なんでそんなに前向きなの？どうして人生がイヤにならないの？
なんでそんな前向きに…
おーい！おばあちゃん！

!
あらあら
みんな走ってきて
どうしたの？
あのね！
おばあちゃんのおうちが
火事になったって聞いたから
みんなでお手伝いにきたんだ！
今度は私たちが
恩返ししようと思って！
ね――っ
ドサッ
ドサ

ワー
ワー
――……っ
ぎゅっ
わ
私も手伝います！
ダッ
『不幸になるのは
また不満を抱くのは
やさしいことだ
はっ
ただじっと
座っていればいいのだ
人が楽しませてくれるのを
待っている王子のように』

ひょっとして…先輩が言っていた言葉の意味って
自分から希望を持つことが大切だっていうことかな
おばあさんが前向きだからこそ
子どもたちが手伝いにきてくれたし
気づけば私も手伝いをしていて
なんだか幸せな気持ちになってる
もしかして『幸せ』って大きな仕事をすることじゃなくて
希望を持って生きるってことなのかな――…

…だとすると
こうした出来事に
立ちあえるのも
この仕事の醍醐味《だいごみ》だし
もうちょっと
続けてみるのも
ありなのかな…
ニィ
よーしっ
頑張るぞーー!
あははは
まっくろー!
まっくろー
あっ!!

ひる出版
ただいま戻りました〜
ガチャ
お—おかえり…
カタカタ
カタカタ
なんだやめるんじゃなかったのか？
残念でしたね！
別に今すぐやめると言った覚えはありませんよ
…なんだかうれしそうだないいことでもあったのか？
別になんでもありませんよ

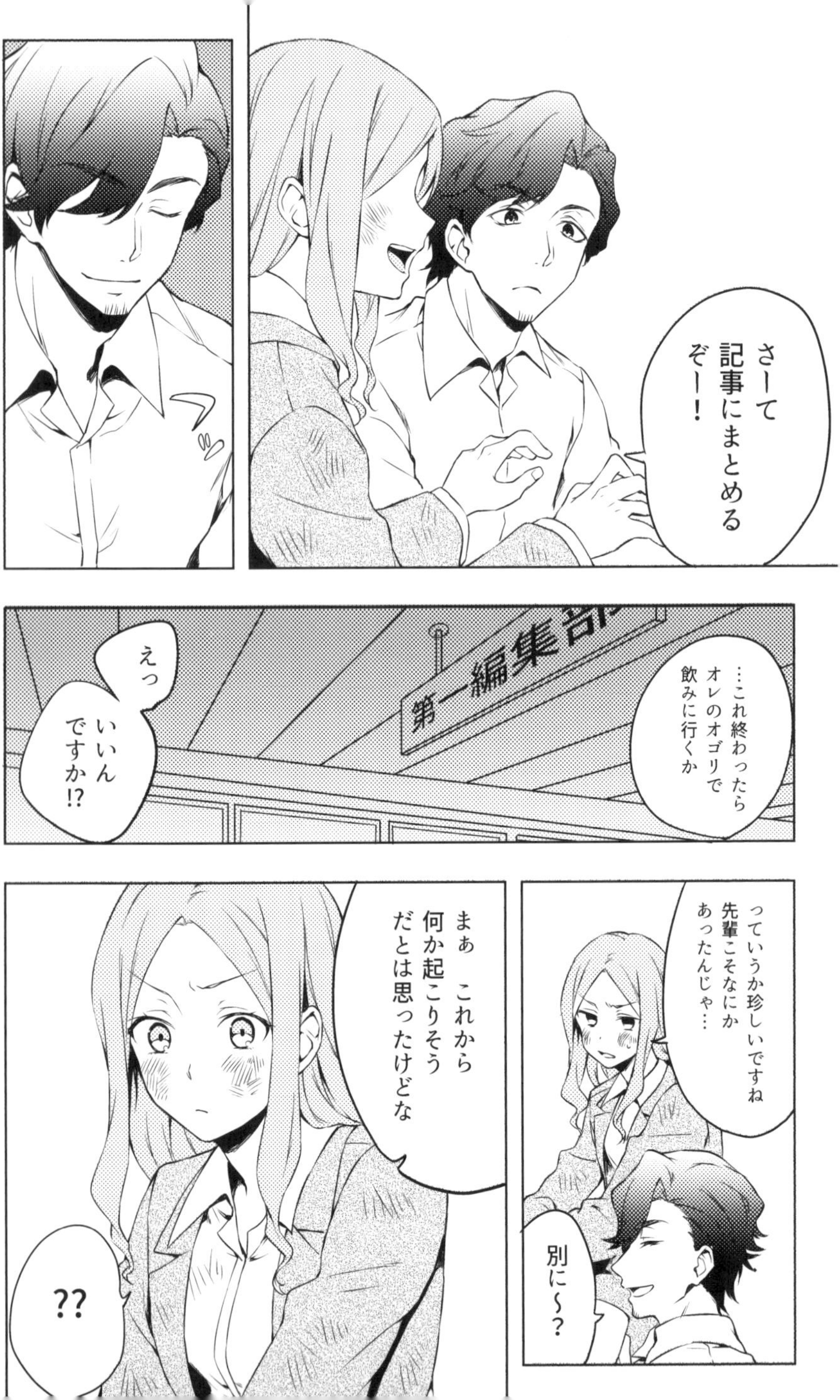

さーて
記事にまとめる
ぞー！
第一編集部
…これ終わったら
オレのオゴリで
飲みに行くか
えっ
いいん
ですか!?
っていうか珍しいですね
先輩こそなにか
あったんじゃ…
別に～？
まぁ　これから
何か起こりそう
だとは思ったけどな
??

よーし 俺も早く終わらせるぞー
ちょっ なんなんですかもー！
む――……
カタ カタ カタ
『うまくいったからうれしいのではなく
自分がうれしいからうまくいったのだ』
ところで…なんでまっ黒なんだ？
かぁ――…
忘れてた――!!

Chapter 1 解説

希望は待っているだけではやってこない

アランの哲学はまさに希望の哲学です。

アランは自分の思想を「不撓不屈《ふとうふくつ》のオプティミズム」と呼んでいます。

つまり、楽観主義者ということです。ただ楽観主義者といっても、否定的な意味では決してありません。楽観主義者には二種類あります。

一つは物事を深く考えないがゆえに、何事も恐れないタイプ。もう一つは、物事を深く考えるがゆえに、あえて明るく振る舞おうとするタイプ。アランは、あきらかに後者のタイプを指しています。

世の中には、問題が溢《あふ》れています。そのため日常でも、怒りや絶望を感じることばかりです。ですが、だからといって、いちいち気にしていては体が持ちません。そんなときは楽観的になるよりほかないのです。アランは、そもそも絶望を感じることは無益だと言います。

「要するに、過去を見つめることから生まれるあの悲しみは何の役にも立たない。それどころか、きわめて有害なものだ。なぜなら、それは無益な反省を求め、無益な探求を強いるからである」

過去を見つめることで生じる悲しみは無益で有害。絶望していてもいいことは一つもない。

おばあさんが
前向きだからこそ
子どもたちが
手伝いにきて
くれたし
気づけば
私も手伝いを
していて
なんだか幸せな
気持ちになってる
もしかして
『幸せ』って大きな仕事を
することじゃなくて
希望を持って生きるって
ことなのかな――…

だからこそ希望を持って前に進もうというわけです。その言葉の背景には、「希望さえ抱いていれば、なんでもうまくいく」という信念が横たわっているのです。

　おもしろいのは、「うまくいったからうれしいのではなく、自分がうれしいからうまくいったのだ」という点。これは逆転の発想といえます。

　つまり、**気持ちは現実を変える力を持っている**ということです。

「希望は平和や正義みたいに、望みさえすれば実現できるほどのものの上に築かれるのだから、これを保持するにも意志に頼るしかないのだ」

　そう、アランにとって希望とは、いかなる状況でも望み続けることにほかならないのです。

Chapter 2

成功には「意志」の力が求められる

~天才科学者の胸の内に秘めた思いとは？~

内海の次の取材相手は、新薬を開発した天才科学者。「成功」の理由を明らかにしようと悩む内海に対し、霧山は幸福論のある言葉を伝える。

……
まかせてみるか
内海！
はい？
お前今 手はあいてるか
ええまあ…
なら仕事をやる
最近大きい賞をとった科学者の取材だ
田口って名前だったな
!!

本当ですか！
私でいいんですか!?
おーしっかり
やってこい
こんな大きな仕事
もらっていいんですか!?
プルプル
バサッ
まかせるって
言ってるだろ
わたしっ…この仕事を
続けててよかったですっ
プルプル
早く
アポ取れっ！
翌日
よーし
準備完了
取材前
行って
きまーす
取材後
ぶっすー
ボトボト

バターン!!
まったく能天気な人がうらやましいわ
こっちは雨で濡れたっていうのに
つかつか
『いらだちはまたその叡智《えいち》において情念のなかでもっとも激しいものを指しているともいえる』
ピタッ
『要するにわれわれの病気は情念によってもっと悪くなる
それが本当の体操を知らなかった者の運命である』
はっ？

…何わけわかんないこと言ってるんですか ひょっとしてバカにしてるんですか？
おいおいゴキゲンナナメだな
じと〜っ
つまり体操は理性でやらないといけない イライラしてやるとかえってよくないってことだ
で 取材はどうだったんだ？
ヴ…
私エリートって嫌いです！
サッ
だってせっかく大きな賞を受賞したのに謙遜ばかりなんですよ!!
ぼくは努力なんてしてない
回想
とにかくラッキーだったって
努力を努力と思ってない感じなんです
ガシガシ
なんだかすごくイヤミったらしくて

それは仕方ないだろ
オマエだって逆の立場
ならそうだろ?
そんなにカリカリするな
いいえ
私だったら
ちゃんと自分の
成功だって
言い張ります
うわぁ…
むしろもっと
自慢したい
くらいです
まあオマエの
言い分も
わかるけど…
それだけの理由で
新薬なんて
できませんよ!
しかも新薬の開発の
理由をたずねたら
「とにかく研究が面白かった」って
言い張るんです
もうこんなんじゃ
絶対いい記事なんて
書けません!!

まあ落ち着け
それを取材するのが仕事だろ
そもそも
その科学者は本当にちゃんとした理由がなかったのかな？
ひょっとして開発したのには深い理由があったんじゃないのか？
――どうなんですかね
あの人はただの科学オタクですよ
絶対!!
質問にも一問一答でしか答えてくれないし
しかもどしゃ降りの雨で服もびしょびしょだし散々です!!
キーッ
イヤイヤ最後のはオマエのせいだろ…
傘持てよ

はーっ
はーっ
…でも先輩の言うことにも一理ある…
ぐっ
たしかに…
このままだと記事が書けないのでもう一度取材してみます
もしかしたら本人以外に話を聞けば何かわかるかもしれないので

マツキ製薬
あのっ
？
田口先生ですか？
応接室
たしかにちょっと変わってますよね
やっぱり…
でも田口先生は誰よりも努力家ですよ
えっ
たとえば…

毎日誰よりも早く研究室に来て雑巾がけをしたり…
実験に使う器具の手入れも自分でしたり…
えっ!?
賞を取った研究者が!?
それ助手の仕事じゃないいんですか!?
やっぱり研究オタクなんだわ…
田口先生若い頃は失敗ばかりだったんです
!?
ばっ
ずっと失敗続きでうまくいかなくて…
でも田口先生言ってました

「僕は人の役に立ちたい ただそれだけだ」って
その一心で努力されたんだと思います
…こんな感じでよろしいですか？
は
はい！ありがとうございます！
ペコ
……
え……イメージが全然違った？

ふぁい…最初のイメージと真逆で…
私…なんだかあの科学者のことわからなくなってきました
本当はいい人だったんですかね？
それとも私の思い違いでやっぱりただの科学オタクだったんですかね
なんであの人は新薬を開発しようと思ったんだろう…
……
ガラッ
内海…この曲を聞いてみてくれ
すっ

？
いい曲だろ？
なんでこの音楽がいいかわかるか？
それは音楽に意志があるからなんだ
意志？それってどういうことですか？
アランはこんなふうに言ってるんだ
『音楽はあらゆる例のなかでもっともすぐれたものだ
なぜなら音楽が支えられているのは声楽の場合でさえも意志にほかならないから
その後にはじめて快さが生まれるのである』

つまり音楽がいいって思えるのはそこに意志があるからだ
わかるか？
全然わかりません
もっとわかりやすく教えてくださいよ
それはダメだよ
こういうことは自分で気づくから発見になるんだ
ピッ
いま言ったことがどういうことかもう少しよく考えてから取材してごらん
……
そうすればその科学者のことが見えてくるんじゃないか？
今の話と研究者にどんな関係があるのよ…
意志って何…？
大体 抽象的すぎてわかりにくいのよ
アドバイスはうれしいけどもっとわかりやすくったって…
イラ イラ
だーっムカツク!!
ビクッ

がやがや
そのかわいいし
お待たせしてしまったかしら
Cafe
はじめまして田口亮の母です
ビシィッ
は　はじめましてひる出版の内海です
本日はお忙しいところご足労いただきありがとうございます！
田口先生の子どもの頃についてお話を聞かせてほしいんです
私でよければよろこんで
この取材で何かわかるかもしれない
先輩の言葉の意味も…

それでは
さっそくお話を
お伺いしても
よろしいですか？
そうですね…
あの子は小さい頃から
勉強が好きで
自分が気になった
ことは調べないと
気が済まない
性格でした
やっぱりその頃から
天才だったんですか？
単純に科学が好きで
研究者に？
……
いいえ
研究者に
なったのは
ある約束が
あったから
なんです
約束？
ええ 小さい頃から
仲の良かったお友達と――

あさ総合病院
302
コンコン
どうぞー
ガラッ
おお！
亮じゃん！
よっ

ほら
お見舞いの本
おっ
気が利くじゃん
ありがとな
早く治してみんなで
遊びに行きたいな
まったくだよな～
俺もみんなと遊びたいよ
…こんなに治療に
時間がかかるなら
俺が科学者になって
オマエの病気を治す
薬をつくってやるのに
ボソ
ははっ
たしかにオマエは
頭だけはいいから
もしかしたら
本当にやれるかもな
あ 頭だけって
オマエなー
ゴメンゴメン

何気ない会話だったのかもしれません
もちろんちゃんと約束したわけでもありません
…そのお話はご本人から？
それでもその言葉はあの子の中で
『強い意志』になったんだと思います
ええ
普段はそんなこと言わないんですけど
…その
お友達の…お葬式があって…
…!!

コンコン
喪服　こっち
だったかしら…
ガチャ
……
あいつのために
絶対に科学者に
なってやる

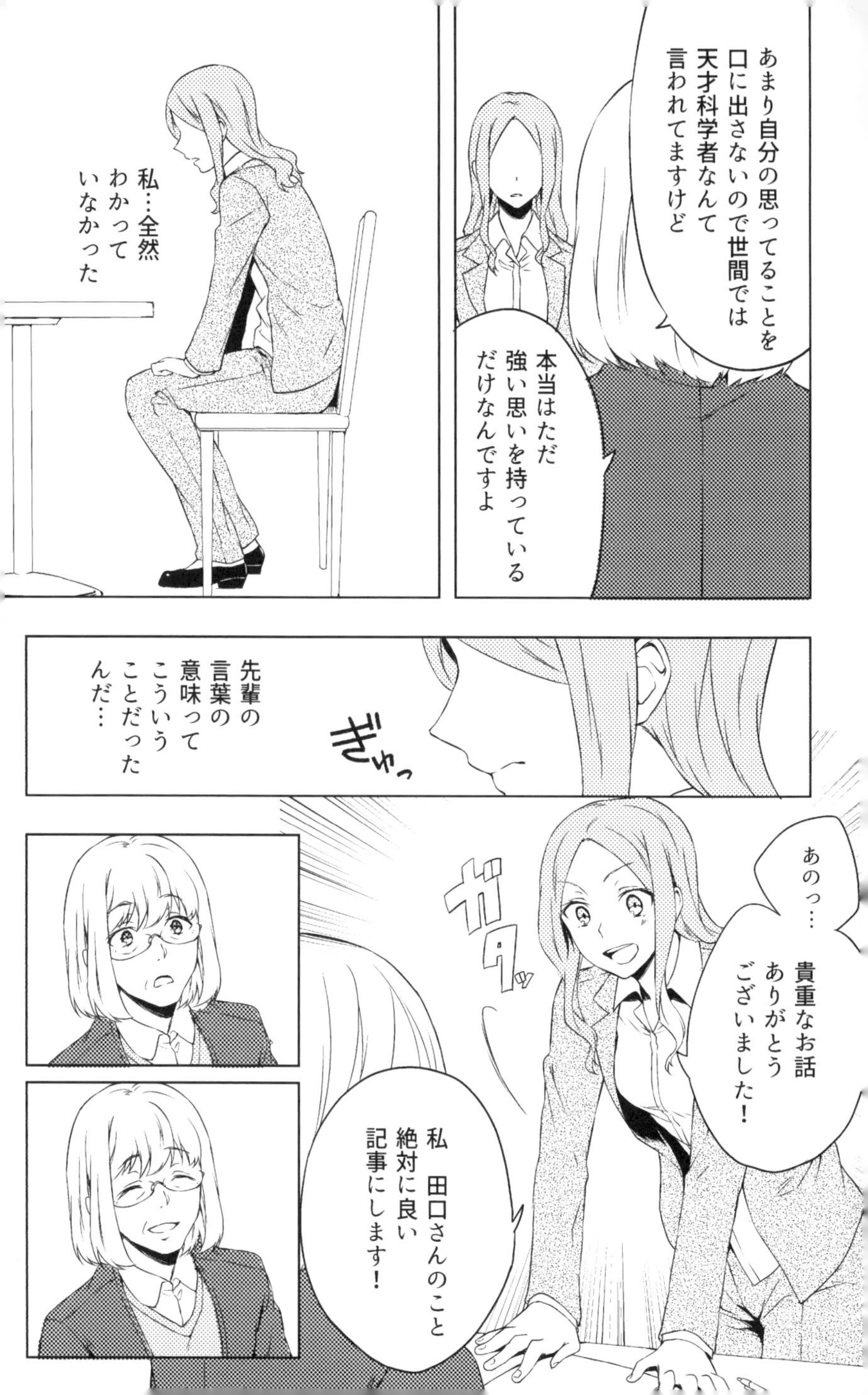
あまり自分の思ってることを口に出さないので世間では天才科学者なんて言われてますけど
本当はただ強い思いを持っているだけなんですよ
私…全然わかっていなかった
ぎゅっ
先輩の言葉の意味ってこういうことだったんだ…
ガタッ
あのっ…
貴重なお話ありがとうございました!
私 田口さんのこと絶対に良い記事にします!

そうだ なんとなくで
成功するものなんてない
この記事だって
伝えたい思いがあるから
書くんだ
カタ
カタ
トンッ
トンッ
ビシッ
デスク! よろしくお願いします!!
おおぉ…
のびーーっ
んーっ!
じーーっ
ハッ

…音楽に意志があるって意味なんとなくわかりました
ゴホン
つまりどんなことにも
ニッ
そこには本人の強い情熱が宿っているという意味だったんですね
そのことに気づいたときなんだか視界が晴れたようでした
ニヤッ
そうかうまくいってよかったな
!
『よい天気を作りだすのも
嵐を作り出すのもぼく自身なのだ』

数日後
ホラ
内海
見本誌できたぞ
あっ
ありがとう
ございます！
週刊アーサ
パラ
パラ
パラ
新薬開発に
込めた情熱
ニヤ

今からこの誌面を田口さんに届けてきます!!
ダッ
『上機嫌など存在しないのだ気分というのは正確にいえばいつも悪いものなのだ
だから幸福とはすべて意志と自己克服とによるものである』

幸福になりたいと強く願う

アランの幸福論でもう一つ特徴的なのは、幸福を積極的に望むよう訴えかけている点です。

人間には「思考力」「忍耐力」「共感力」とさまざまな力が備わっていますが、実際には「意志力」がなければなんの力を示すこともできないからです。現に意志の強い人は、なんでも成し遂げることができます。だから幸福になれる。

アランもずばりそういっています。

「上機嫌など存在しないのだ。気分というのは、正確にいえば、いつも悪いものなのだ。だから、幸福とはすべて、意志と自己克服とによるものである」

逆を言えば、意志が弱いと何もできません。

いくら思考力が高くても、意志が弱いとダメだということです。その意味では、意志力が大事というアランの言葉にも納得がいきます。最後は意志力が決め手といえるでしょう。

あと少し努力すれば手に入る幸福も、努力しなければ手に入りません。**意志が強いということは、最後までやりきること。そして、最後までやりきることではじめて、結果が出るのです。**

では、結果が出なかったときには、どうすればいいのでしょうか。

アランは、自分の失敗を直視できる人をたた

えています。つまり、結果が出なくても、意志の強い人は動じないといっているのです。

意志を貫いて最後までやり遂げれば、結果はさほど重要ではない。それよりも、自分の意志を貫いて、やり遂げることができたかどうか。そのほうが自分にとっては重要なのです。結果が云々《うんぬん》というのは、むしろ対外的な話といえるでしょう。

たとえば、「結果が出なければ幸福になれない」といわれたら、お金持ちになったり、名誉を得ない限り幸せになんてなれません。それだと幸福へのハードルが急に高くなってしまいますよね。こうした結果にこだわらないところが、アランの幸福論の魅力の一つだといえます。

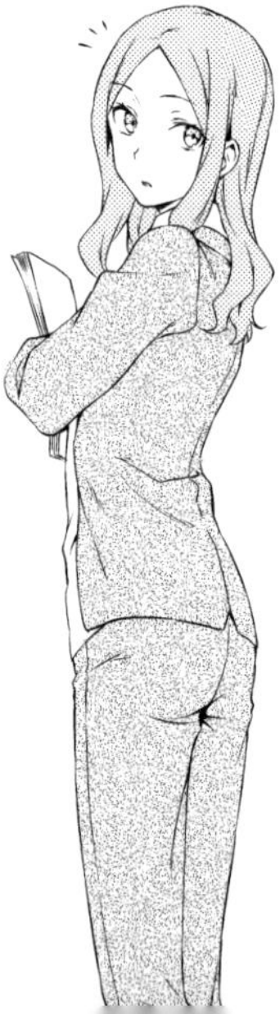

Chapter 3

目の前の「やるべきこと」に熱中しているか？

～クワガタ少年が教えてくれたこと～

何かと受け身の内海に対し、やや物足りなさを感じる霧山。ある日も、内海は取材の件で霧山にグチをこぼす。そこで、霧山はアランの言葉を通じて、内海に感じていた「あること」を伝えようとする。

アオーーン
ふ
ふ
太った…！
ガーーン

これはまずい…
プルプル
明日から夏服にしようと思ってたのに…
アハハハハ
I ♥ beer
BEER
暑いからってビール飲み過ぎた…これじゃ腕も出せないわ…
なんてバカだったんだろう…
サーーッ
それに…
うわぁ…なんというか…健康的だな…
絶対嫌味言われる…!

翌日
ひる出版
うわぁ…
なんというか…
健康的だな…
ハハハ…
ほらね——
——!!
自覚してますよ
どうせ私はデブですよ！
ダァン
そんなに体型が
気になるなら
ジムにでも
通ったらどうだ？
スポーツはいいぞー
プルルル
ええ…ジムですか…
私運動とか
嫌いなんですけど…
通うのめんどうだしな…

まあ無理にとは言わないが1週間だけでもやってみたらどうだ？
はい駅前のジムの割引券
さっ
……
なら年会費無料！
GOLDEN GYM

1週間後
ずう
ううん
運動が嫌いだとは言ってたがまさかここまでとは…普段から運動してない証拠だな
ギし
わかってますよ~…でもトレーニングが厳しすぎるんですもん…
まあ月会費だってもう払ってるんだしせめてひと月は続けてみたら…
そうだ！
ぱんっ
ジム退会してきます！
ビッ
ナイスアイデア！
清々しい笑顔でダメ発言…！

おいおい…まだ1週間しか経ってないんだろ?
ええー 先輩だって1週間だけでもって言ってたじゃないですか
オマエはスポーツの意味がわかってない!
もっとカラダを動かせ
ビシッ
トレーニングは続けないと意味がないんだ
俺が陸上をやっていたときなんて…
No!
私は先輩と違って体育会系じゃないんです! 新聞部ですから!
まったく…
そうやってなんでも受け身でいると取材のネタも待ってるだけになっちゃうぞー
ガタッ
なっ… それとこれとは関係ないでしょ!

数時間後――
新種のクワガタ？
心の声
イヤよキョーミないわよそんなの
呼ばれたと思ったらこれか…
ああ
まだ小学生の男の子が新種のクワガタを発見して表彰されることになったそうだ取材してみるか？
へぇ小学生なのにすごいんですね
行きますやらせてください
トボトボ
……

それでは今回新種のクワガタを発見した大樹くんの功績を称え
館長より表彰状が贈られます
おめでとう
寺《てら》田《だ》大《だい》樹《き》（10）
ありがとうございます
パチパチ
パチパチ

そしてもうひとつ
大樹くんへ
特別なプレゼントが…
？
こちら…
バサッ
ギラファノコギリクワガタの標本です！
ドンッ！
……
いらない

えっ!?
ガヤ
だってこれ
とっても珍しい
クワガタだよ？
本当にいらないの？
ガヤ
ガヤ
ええっ？
うん
いらない
な
なにあの子…
ざわ
ざわ
ざわ
どうしたんだろうね
え えー
それでは大樹くんの
意志を尊重いたしまして
こちらの標本は
辞退ということで…

ねえ　君！
どうして標本をもらわなかったの？
…だって自分で集めたいもん
そ　そうなんだ〜
全然わからん…！
もう行っていい？僕これからクワガタのエサを買いに行かなきゃ
あっうんごめんね！また今度取材させてもらってもいいかな？
いいけど僕けっこう忙しいから邪魔しないでね
は　はい…

Cafe
先輩〜…
最近の子って
ひねくれてますよ
はあ
？
ズズ…
取材した子
せっかく珍しい
標本をもらったのに
返しちゃうん
ですよ!?
私だったら
よろこんで
もらうのになあ
俺にはその子の
気持ちが
わかるけどな
？
どういうことですか？
男性だから男の子の
気持ちがわかるって
ことですか？
そうじゃ
ないよ
たとえば
アランの幸福論に
こんな言葉があるんだ

『人は棚からぼた餅のように落ちてきた幸福はあまり好まない
自分でつくった幸福が欲しいのだ
子どもはわれわれ大人の庭など虚仮《こけ》にするだけだ子どもは自分で砂山と麦藁《むぎわら》とでりっぱな庭をつくっている
自分の手で収集したことのない収集家など想像できるだろうか』
どういうことかわかるか？
うーん わかりそうですけど…なんだかしっくりきません
へー
そうなんだ
キャッ
よし
だったら取材で明らかにしてこいよ

たとえば彼がどんなふうにクワガタを捕るのか取材してきたらどうだ？
えーっ
じゃあわからないままでいるしかないな
記事もうまく書けそうにないってデスクに伝えておいてやるよ
この暑い日差しの下で取材してたら日に焼けちゃいますよ！
No!
女にとって日焼けは厳禁なんです！
や
やだな～！誰も行かないなんて言ってないじゃないですか
ガタン
もちろん行きますよ！プロですもん！
だよな～！じゃあ あとでどうだったか聞かせてくれよ
ポン
しまった乗せられた——！

ズンッ
ズンッ
なんで私がまた…
クワガタか…
ワー

『ところが
スポーツ選手は
昨日の練習によって
やる気になっているから
すでに立ち上がり
トレーニングに入る
そしてすぐに自分の
意志と力を楽しむのである
楽しいのはまさに
トレーニングを
することだといった
具合である
しかし怠慢な者には
そのことが
わからないし
わかるはずもない
よしんば　その話を
人から聞いたり
思い出すことが
あっても　それを
信じようとはしない』
ズズ…
………

おはよー
大樹くん
この間は
ありがとう
お姉さん
今日はクワガタを
捕るところを
取材させてもらうね
ママからも
許可もらったよ
うん
別にいいよ
別にって…
じゃ まず
こっちに来て!
早く!
だっ
ちょ ちょっと
待って!
私カメラとか
バッグとか
色々持ってるん
だけどー!?

こ　ここって…公園？
こっちだよ！
ガサッ
あっ待って！
ちょっとは休ませてよ！
いったいどうしたの？クワガタでもいたの？
はぁ
はぁ
あっあった！

ニヤッ
!
ドーン
?
どうしたの?
ボトッ
ボトッ
じゃーん!
あっ クワガタだ! すごいねっ さっそく見つけたんだ
ドヤ

あのね
この公園だと
クワガタは昼間
木の上のほうに
いることが
多いんだ
多分　木の枝とか
葉っぱのところに
隠れてるんだよ
だから
クワガタがいるかも
しれない木を
探してたんだ
…クワガタが
いるかもしれないって
どうしてわかったの？
樹液を探してたんだ
もし樹液があったら
そこにクワガタが
いるかもしれないから
へーっ　てっきり
そのアミで
捕まえるのかと
思ってた
アミも使うけど
こうやって
捕ることもあるよ
そうだ！
昨日の夜　向こうの木に
お父さんとエサを
仕掛けておいたから
別の種類のクワガタが
いるかもしれない！
来てきてっ！

クワガタを
捕るのが
よっぽど
うれしいんだなぁ
なんか
ようやく
子どもらしい
姿を見たかも
ハッ
そういえば
私も小学校の頃
こんな感じで
夢中だったな…

バタ バタ
ガタ ガタ
祐希ちゃん何してるのー？
ザク ザク
バタ
壁新聞のネタ探しっ！
コツ コツ
私もあのときは新聞作りに一生懸命で
なんで机の下に
ずっと走り回ってたっけ
新聞
ペタ
ペタ

えっへん!
4-2 かべ新聞
上本先生が出てるよ!
スゴイなアレ!
俺が陸上をやっていたときなんて…
No!
キョロ
ないわよそんなの
Ooo
…私大事なこと忘れてたな…
なんだか恥ずかしいや
大樹くん
ん?

ありがとうね
ニコッ!
?
えっ
何が…?
あっ
クワガタのこと?
大丈夫だよ
まだまだいっぱい
捕れるところが
あるんだ
ついてきてよ
うん
お姉さんもっと
いろんなクワガタが
見たいな!
『しかしながら
奴隷である退屈さは
主人である退屈さほど
つらいものでは
ないように思う
なぜなら
行動はどんなに
単調きわまりない
ものであれ
まだ若干
支配すべきものが
つくり出すべき
ものが必ずあるから』

Chapter 3 解説

与えられた幸福で人は満足できない

アランの幸福論では、「好奇心」が幸福をもたらすと考えているのがよくわかります。

「好奇心」は、探求心と熱中に分けることができ、探求心は不安を忘れさせてくれるものです。冒険家を見ればあきらかなように、探求心はいかなる困難もよろこびに変えてしまい、熱中すると、不安は完全に消え去ってしまいます。

何かに熱中している人と、そうでない人、両者の間では人生の充実度が異なるのです。

だから幸福になるためには、熱中できる何かを見つけるのが近道なのです。その際大事なのは、熱中できるものを自分で見つけること。

アランは次のように言っています。

「人は、棚からぼた餅のように落ちてきた幸福はあまり好まない。自分でつくった幸福が欲しいのだ。子どもはわれわれ大人の庭など虚仮《こけ》にするだけだ。子どもは自分で、砂山と麦藁とでりっぱな庭をつくっている。自分の手で収集したことのない収集家など想像できるだろうか」

つまり、好奇心こそが行動に結びつき、幸福につながると言っているわけです。

幸福を見つけられる人は、何事にも積極的です。反対に、何も見つけられない人は、とにかく好奇心を持って行動することです。

そういえば
私も小学校の頃
こんな感じで
夢中だったな…
ハッ

アランはこうも言っています。

「何もしない人間はなんだって好きになれないのだ。そういう人間に、まったく出来合いの幸福を与えてごらん。彼は病人がやるように顔をそむける。それにまた、音楽を自分で演奏するよりも聴く方が好きな者がいるだろうか。困難なものがわれわれは好きなのだ。だから、行く道に何か障害があるたびごとに、血が湧き、炎が燃えあがる」、と。

幸福は困難の先にあるものです。

積極的な人が幸福になれるのには、そうした理由があります。消極的な人は困難を恐れて、せっかくの幸福を逃してしまう。

「苦しいときこそ幸福が近くにある」と考えてみるのもいいかもしれません。

Chapter 4

“心の風邪”から立ち直る

～心が折れてしまった仲間を救え～

デスクの叱責で会社を休むようになった吉澤。そんな彼を心配する内海は、なんとか吉澤を励ましたいと、アランの言葉にその答えを求めるが——。

やばっ
ちょっと遅く
なっちゃった
今日は急ぎの
原稿があるんだから
早く戻らなきゃ…
また終電かぁ
お肌に悪いん
だよね……
仕事は楽しいんだ
けど　こう忙しいと
ストレスたまるなぁ
ひる出版
ただいま
戻りました―…
ビクッ
また
失くした!?

何回目だと思ってるんだ⁉
この前はデータ！今回は手紙の原物！
すみません…
ったくなんで失くすかなー
どかっ
オマエはどこにも就職できねぇわ
カチン
……！デスク！
バッ
ちょっと言いすぎなんじゃ…
オマエは黙ってろ！

やめとけ
あの人はカッとなると
もう止まらないって
先輩…
俺たちに
できるのは
後で吉澤を慰める
ことだけだ
ペコペコ
今日はあいつを
連れて飲みに
行くか？
パーッと
ストレス発散だ
あっ…と
チラ
じつは
ちょっと急ぎの
原稿があって
おいおい
オマエ最近
いつも最後まで
残ってるだろ？
一生懸命なのは
いいけど　たまには
ガス抜きしないと
『悲しみのマリー』
になるぞ
マリー？

ある心理学者が
体験した話を
アランがこう
紹介しているんだ
キャッ
待ってよ～
アハハ
ウフフ
キャッ
『この娘は一週間は
楽しいのだが
もう一週間は
悲しいのである
それが時計のように
正確にやってくる』
ふえぇ
えーん
サッ
要は情緒
不安定に
なっちゃうって
ことだ
私はうつ病には
なりません！
うがーっ！
ビクッ
……
……

カタ…
カタ…
カタ
残業…
CUP
ラーメ
グラ
グラ
ゴンッ
っ痛〜〜〜
じんじん
ダメダメ
早く原稿を
仕上げないと
……
誰でも予備軍？
うつ病の7つの兆候

おふぁよー
ございまーす…
ヨロヨロ
うわっ
ひと晩で
急に老けたな
ひろ出版
だから言っただろ~
たまには気晴らしでも…
ギロッ
怖っっ
おい
吉澤
知らないか？

さあ…今朝は見てないッスね
昨日 だいぶへこんでたんで飲みに誘ったんですけど断って帰りましたよ
元気なかったス
ちょっと言いすぎたんじゃないですか？
すみません
……
プルル
プルル
プルル
えっ
編集長！大変です！
いま吉澤くんが警察に保護されたそうです！
!?
吉澤くんが…!?

吉澤くん…
今朝の電車で終点になっても降りずに口もきかないので警察を呼んだそうです
……
警察に行ってみないことには事情もわからないだろうちょっと出てくる
バサッ
あっ編集長俺も行きます
パタン…
ざわ
ざわ

警察署
POLICE
吉澤
お前はしばらく
休んだほうがいい
家でゆっくりしてろ
!
…はい…

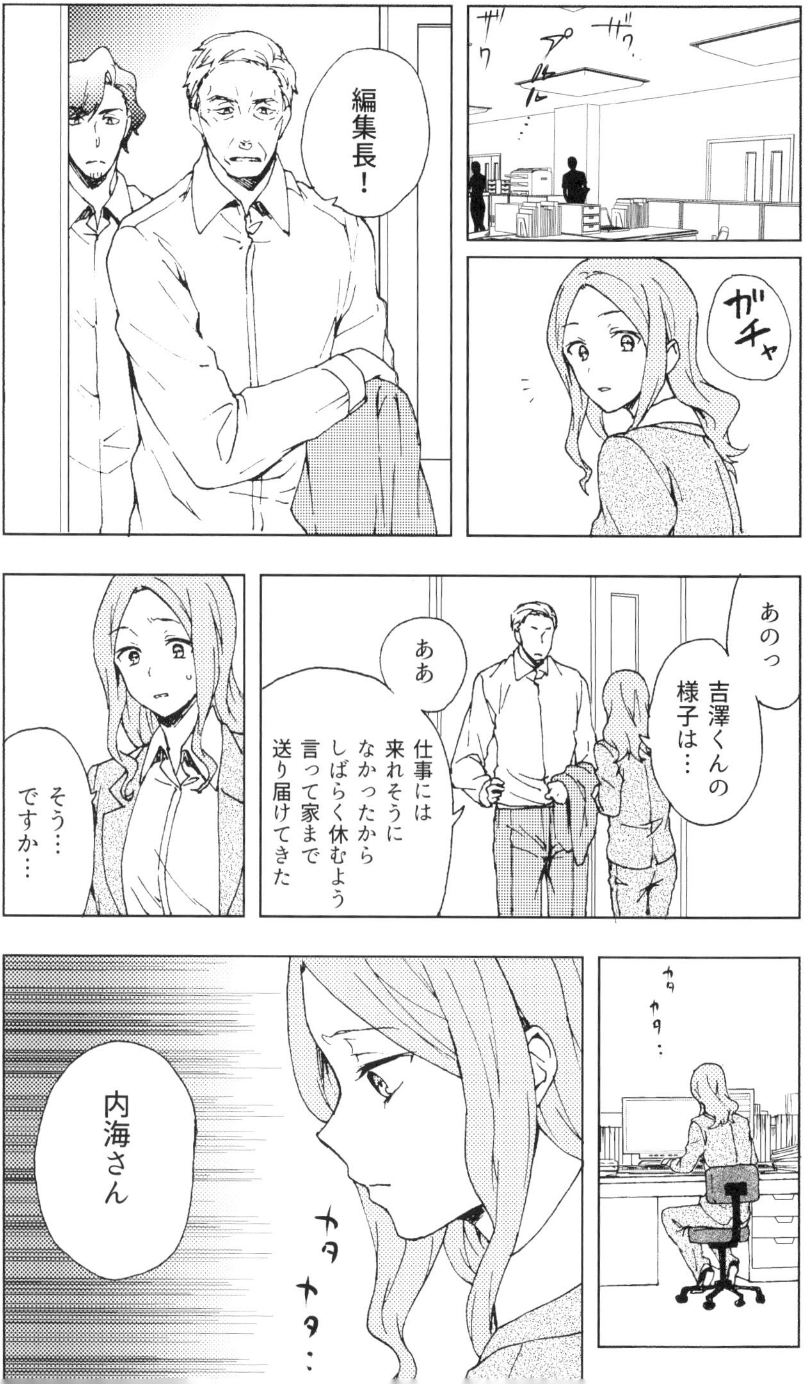
ザワ
ザワ
プルル…
ガチャ
編集長！
あのっ
吉澤くんの様子は…
ああ
仕事には来れそうになかったからしばらく休むよう言って家まで送り届けてきた
そう…ですか…
カタ カタ…
カタ カタ…
内海さん

残業お疲れ様です！
コーヒーどうぞ
わっありがとう
ごめんね吉澤くんも遅くまで疲れてるでしょ？
いえいえこれくらい平気ですよ
内海さんもあんまり無理しないでくださいね
やっぱり放っておけないよ…
ガタッ

ピンポーン
はい
あっ 吉澤くん？ 今日会社 休んでたでしょう？ 心配で様子を 見に来たんだけど…
………
すみません
…すみません 今は誰とも 話したく ないんです…
でっ でも！
…帰って もらえますか

ひる出版
カタ
カタ
帰ってもらえますか
うつ病…どうにかして力になれないのかな…
カチ
カチ
!
はっ
これだ…!

ガヤ
ガヤ…
うつ病ストレス対策セミナー
それでは
ただいまを
持ちまして
閉会といたします
みなさま
本日は
ありがとう
ございました
あの
少しお時間
よろしい
でしょうか？
インターネットの
記事を見て
私はうつ病を克服した
人たちのセミナーを
取材した
本来の目的は
記事のためだが
何か吉澤くんを
助けるヒントが
あるかもしれないと
思ったからだ

Cafe
そうですか…
僕も最初は過労と睡眠不足が続いて…
失敗して挽回《ばんかい》しようとしてまた失敗悪循環ですね
それでどうやって克服されたんですか？
薬を飲んでいたんですがなかなか治らなくて…休みをとって気分転換に遊ぶようになってから好転しましたね
周りの人たちにずいぶん支えてもらいました
友達から前向きな言葉をかけ続けてもらったのがよかったんでしょうね
はっ
前向きな言葉——…！

バターン
先輩!!
うわっ
なんだいきなり
バンッ
アランの言葉私に教えてください!!
グググッ
なるほどそういうことか
いくつかあるよ
アランは結構うつについても書いてるんだたとえば――…
サラサラ
フムフム

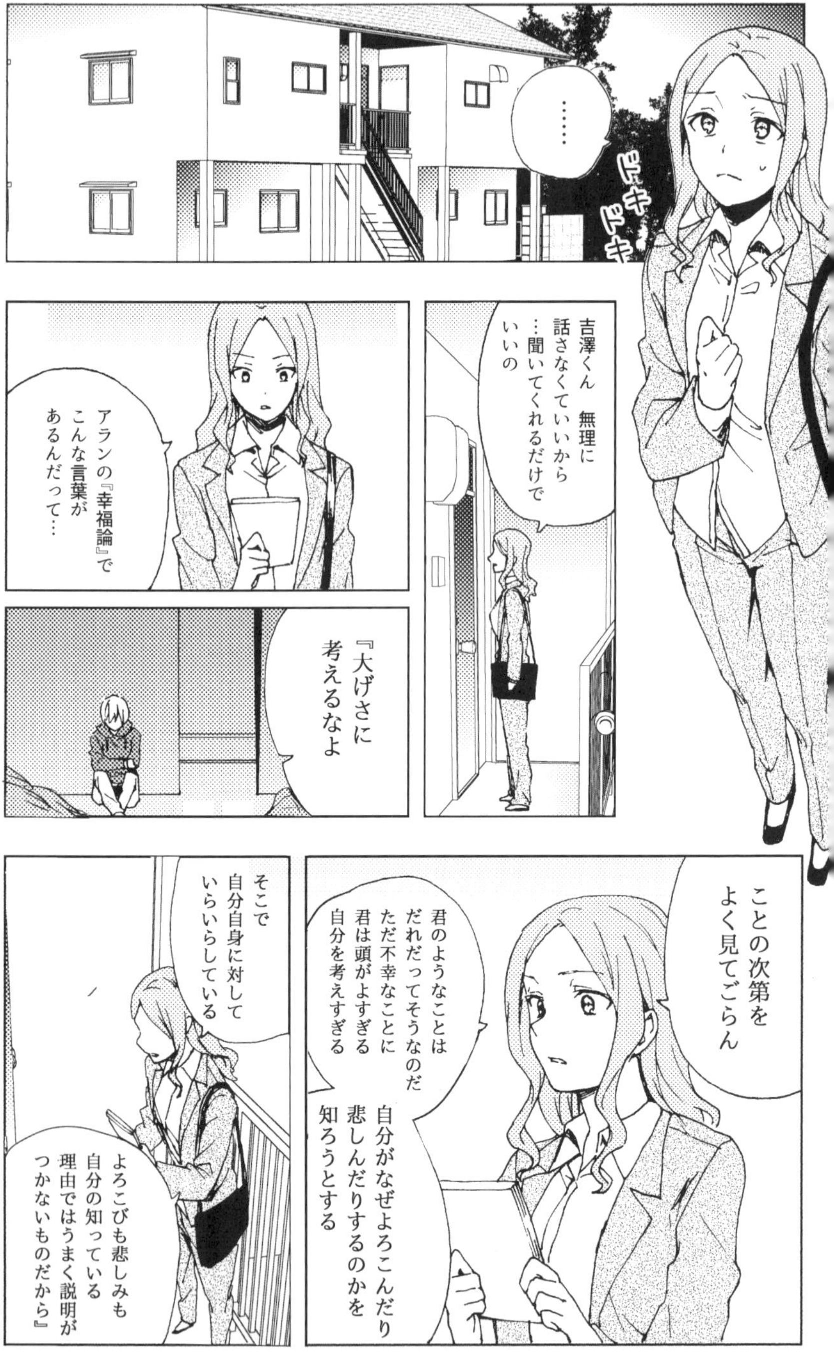
……
ドキドキ
吉澤くん 無理に話さなくていいから…聞いてくれるだけでいいの
アランの『幸福論』でこんな言葉があるんだって…
『大げさに考えるなよ
ことの次第をよく見てごらん
君のようなことはだれだってそうなのだ ただ不幸なことに君は頭がよすぎる 自分を考えすぎる
自分がなぜよろこんだり悲しんだりするのかを知ろうとする
そこで自分自身に対していらいらしている
よろこびも悲しみも自分の知っている理由ではうまく説明がつかないものだから』

つまり吉澤くんが
悩んでることは
深く考えなくてもいいの
わからなくても
いいのよ！
突然
ごめんね…
落ち込んでいる
吉澤くんが
心配で…
私も入社したての頃
思うような仕事はできないし
初歩的なミスはするし
たくさん落ち込んだよ
でも 周りの人が
励ましてくれて…
だから今度は
私が力になれたらなって…
今日は遅いし
帰るね

2日目
……
カタン
手紙…？
『音楽でもいい
絵画でもいい
会って話すことでもいい
こういうものは
我々の憂鬱《ゆううつ》を
比べようのないほど
小さなものにしてしまう』
元気出して
きっと話したら
ラクになると思うんだ
だからそんなに
思い詰めないで
……

3日目
差し入れ持ってきたから
よかったら食べて――
PSこんな言葉が
あるんだって
『痛みがますますひどく
なるのは おそらく
痛みについて
あれこれ思惟《しい》を
めぐらすからであろう
言うならば
痛い部分に
手で触れている
からだろう』
吉澤くんも
考えすぎちゃダメだよ
4日目
『このような狂気は
激怒と同じで
そこから開放される
ためにはこう自分に
言ったらいいのだ
悲しみなんて
病気にすぎない
だから病気を
我慢するように
我慢したらいいのだ
そんなになぜ病気に
なったのかとか
あれこれ考えないで
そこから次々出てくる
辛辣な言葉を
けちらすのだ
心の悲しみを
お腹の痛みのように
考えるのだ
そうすれば憂鬱はもう
何ともいわない』
また今度
飲みに行こうよ
私も飲み相手が
いないと
寂しくてさ…
また今度
誘うね！
なんで
こんなに……

5日目
…？
先輩から聞いた
言葉は全部伝えた…
今日は自分の言葉で
何か言わなきゃ…
すー
はー
ス…
ガチャ
！
あわわわ
あた
ふた

くす
なんでこんな俺なんかのために…
だって仲間だもん
みんな待ってるよ デスクも言いすぎたって

週明け
ひる出版
おはようございます
ペコ
ったく・・
今度はなくすなよ
どかっ
・・・・・?
ふふっ
アハハハ
・・・・・・
フン

うつ病は法律では
解決しない
それより周りの
支えこそが大事だ
カタ
カタ
『微笑みはあくびと
同じように
からだの奥まで
行きわたるからだ
のど 肺
心臓と
次々に
ときほぐす
医者の薬箱の
なかにも
これほど迅速に
ほどよく効くものは
ないだろう』

Chapter 4 解説

憂鬱を吹き飛ばす

現代社会で、うつ病は〝心の風邪〟と称されるほど一般的な病気になりました。ただ、アランの時代もうつは幸福の妨げになっていたようで、彼もいろいろと論じています。

たとえば、うつの原因として、物事を考えすぎる傾向を挙げています。感情の起伏《きふく》など説明がつくものではないのに、頭のいい人ほどそれを論理的に明らかにしようとする、と。

しかし、答えが明確に出ないにもかかわらず考え続けたらどうなるのでしょうか？

きっと頭の中で堂々巡りを繰り返し、気が滅入るばかりです。じつは人間の感情はかなりの部分、体の調子に左右されていて、アランは次のように言っています。

「ほんとうのところ、幸せだとか、不幸だとかいう理由には価値がないのだ。体と、体の働きですべてが決まってくる。ビクともしない人間の体が、毎日、躁《そう》状態からうつ状態へと、またうつから躁へと変わっている」

つまり、考えたところで何も解決しない。むしろ、有害ですらある。あたかも傷口に触れて、それを広げているようなものなのです。

したがって、うつを防ぐためには、逆説的ですが、うつについて考えないようにすることで

す。アランも音楽を聴いたり、絵画を見たり、人と会って話すことを勧めています。

もし、私たちがうつになってしまったら、深く考えず、傷口を広げないようにして待つこと。焦っては逆効果。アランもこう言っています。

「このような狂気は激怒と同じで、そこから解放されるためには、こう自分に言ったらいいのだ。『悲しみなんて、病気にすぎない。だから、病気を我慢するように我慢したらいいのだ。そんなに、なぜ病気になったのかとか、あれこれ考えないで』。そこから、次々出てくる辛辣な言葉をけちらすのだ。心の悲しみをお腹の痛みのように考えるのだ。そうすれば、憂鬱はもう何ともいわない」

治らない風邪はない。幸せになるためには、そうやって気楽に構えるのがいちばんなのです。

ペコ

Chapter 5

愛はすべての人に幸福をもたらす

～盲目のバイオリニストと親子の絆～

冬の寒い日、内海は盲目のバイオリニストとその母親に出会う。娘に対して厳しい態度の母親を見た内海は、実家の母を思い出し、「親子の愛」について考える。

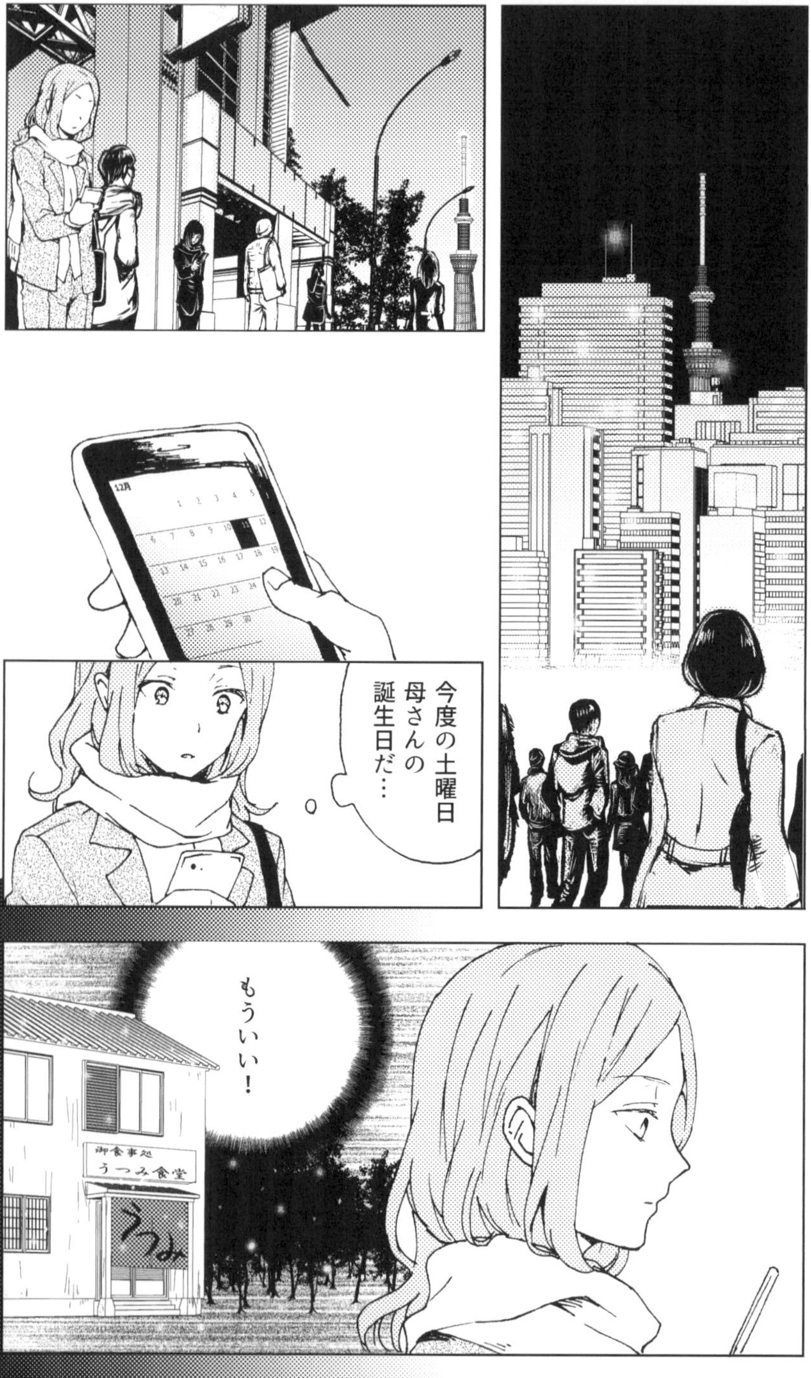
12月
今度の土曜日
母さんの
誕生日だ…
もういい！
御食事処
うつみ食堂
うつみ

私　一人で東京の大学に行くから!!
ゆ
祐希…
絶対東京に行って成功するんだから！
……
母さんとは東京の大学へ行く際にケンカをした
家を飛び出してから一度も帰っていない
たまに近況報告をするくらいだ
はあ
やっぱり今年は実家に帰ろうかな
いろいろ話したいこともあるし

わっ
ドン
すっすみません
大丈夫ですか!?
いえ
こちらこそ
すみません
あれ
あの
もしかして…
その杖って…
井上希海《いのうえのぞみ》(22)
ええ 私…目が
見えないんです
ガーン

ペコ ペコ
ごめんなさい！ 気づかなくて…！
いえ 私は 大丈夫なので…
この子も 無事でしたし
それ バイオリン …ですか？
ええ 今から コンサートに 向けて練習を…
えっ!!
コンサート!? そんなにすごい 人だったの!?
希海 何をしているの もう車出るわよ

あっ
母さん
今行きます
それでは
失礼しますね
ペコ
ペコ
はっ
はい
パァ
キレイな人
だったな～
ザッ
プルル…
はいっ
アーサ
編集部
あー
カタカタ
カタ

のぞみ　盲目
バイオリニスト…
っと
ルルル…
外線3番に山本さん
はい今出ます
カタ
カタ
奇跡のバイオリニ
い頃に視力を失い、以来光を失っ
盲のバイオリニ　ト　して注目
薬音楽大学に通う現役女子大生。
人では初となるソロリサイタル
あ　あった
この人だ！
へえ…
こんなに大きな
会場でやるんだ…
井上希海バイオリンリサイ
会場
さくらシンフォニーホール
12月11日(土)　18時半開場
取材したら
いい記事に
なりそう
…もしもし
私ひる出版の
内海と申します
少しお時間
よろしい
でしょうか？

芍薬音楽大学
今日はお時間をいただきありがとうございます
こちらこそよろしくお願いします井上希海と申します
希海の母でマネージャーの井上晴江です
もう少しレッスンを続けるのでそこでご覧になりますか
ありがとうございます!

ワク
ワク
ドキ
ドキ
きゃーっ！
バイオリニストの
生演奏が聴けるなんて
役得ってやつ!?
先生
お願いします
シン…
ワン・ツー
ヴ
ン
ッ

ブワッ

ふぅ
…ありがとうございました
ペコ
パチパチ
すっすごい…!
ガタッ
すごいすごいっ!なんだか鳥肌たっちゃいました!
パチパチ
ふふ そんなによろこんでもらうとなんだか恥ずかしいですね
希海 先生とお話をしてくるから記者さんの取材に答えておいてね
うん わかったわ

本っ当ーに素敵でファンになっちゃいました！ いろいろなお話しを聞かせてください！
ぜひほかの曲も聴いてみたいです！
私なんかの話でよければ
ではさっそくお聞きしたいのですが…バイオリンはいつ頃から？
きっと長いですよね
幼稚園の頃です
もともと習い事で練習してたんですけど
私小さい頃から体が弱くて
それで子どもの頃に目の病気を患《わずら》って
そのまま光を失いました

あの頃はとにかく目が見えないことが辛くて悲しくてずっと泣いていました
でも ふと習い事でやっていたバイオリンのことを思い出したんです
目が見えなくても体が覚えているかもそう思って弾いてみたらとっても楽しくて
それからバイオリンが私の光になったんです
母もそのことを知って私に協力してくれて…ずっと二人三脚で頑張ってきました
だから私は母と――…
ゲホ
ゲホ

だっ
大丈夫ですか!?
ゴホ ゴホ
ひょっとして具合悪いんじゃ…
なんだか顔も赤いし…
ちょっと頑張りすぎちゃったのかも…もうすぐ大事なコンサートもあるので…
はあ
はあ
じゃあ今日はここまでで大丈夫ですので! あまり無理しないでくださ…
ガチャ
ちょっと待って!
内海さん 希海はまだ大丈夫ですから取材を続けてやってください
キッパリ
……!!

でも希海さん
だいぶ体調が
悪そうですし…
ゴホッ
ゴホッ…
大丈夫です
プロなんですから
それくらいどうって
ことないわよね？
さ　あとちょっと
なんだから
頑張って
ちょうだい
ぜい
ぜい
……うん
大丈夫
でも…
終わったら
声をかけて
くださいね
バタン
……

和の定食屋
…ってことがあったんですよ
信じられますか？あれじゃ希海さん母親の奴隷ですよ
ふーん
でもプロにさせようと母親も必死になってるんじゃないのか？こんな言葉もあるんだぞ
『家庭の中ではとりわけ家族同士が深い愛情で結ばれているときには気兼ねをする者も仮面をかぶる者もいない
だから母親は自分の子どもの前で自分がよい母親であることをあかししようなどとは考えない』

そうかもしれないですけど…あの子取材中すごく体調が悪そうだったんですよ
どうせアランの言葉ですよね…
しかも練習中にすごい剣幕で怒られてたし…
全然ダメ！もう一度最初から──
……
やたらと母親に厳しいんだな何か思い当たることでもあるのか？
…なんかうちの母親と似てるんです
一方的に意見を押し付けるところとか
自分勝手なところとか

まぁ そう悪く言うなって そんなにご立腹ならもう一回…
なので私 もう一回取材に 行こうかと思ってて！
ぐっ
じつは昨日 取材を終えた後 彼女から 招待されたんです 今度のコンサート
ピラ
……
…ふ ふうん いいじゃん 取材してきなよ
くっくっくっ
プルプル
なんかムカつく…
？

コンサートで彼女と母親の本当の関係を明らかにしてこいよ
井上希海　バイオリンリサ
主催：太平洋テレビ
協力：Inter-CLASICCS
お問い合わせ：さくら音楽
http://sakura.ongaku.
さくらシンフ
18時30分開場
1F A-16
音楽はいいぞ〜
物事は違う角度から見るとまったく違う姿を見せるものだからな
もちろん！先輩に言われるまでもなく行ってきます
わかってますって
ピッ
ん？
あっあと
ゴソゴソ
このチケットは先輩に差し上げます
私は関係者席なので
おおありがとう
ニッ
日頃のお礼ですよ

…で　その日取材が終わった帰りに福島の実家へ久々に帰省しようと思って
母の誕生日なんです
いいんじゃないかたまには親孝行でもしてこいよ
はいっ
ザワ
ザワ

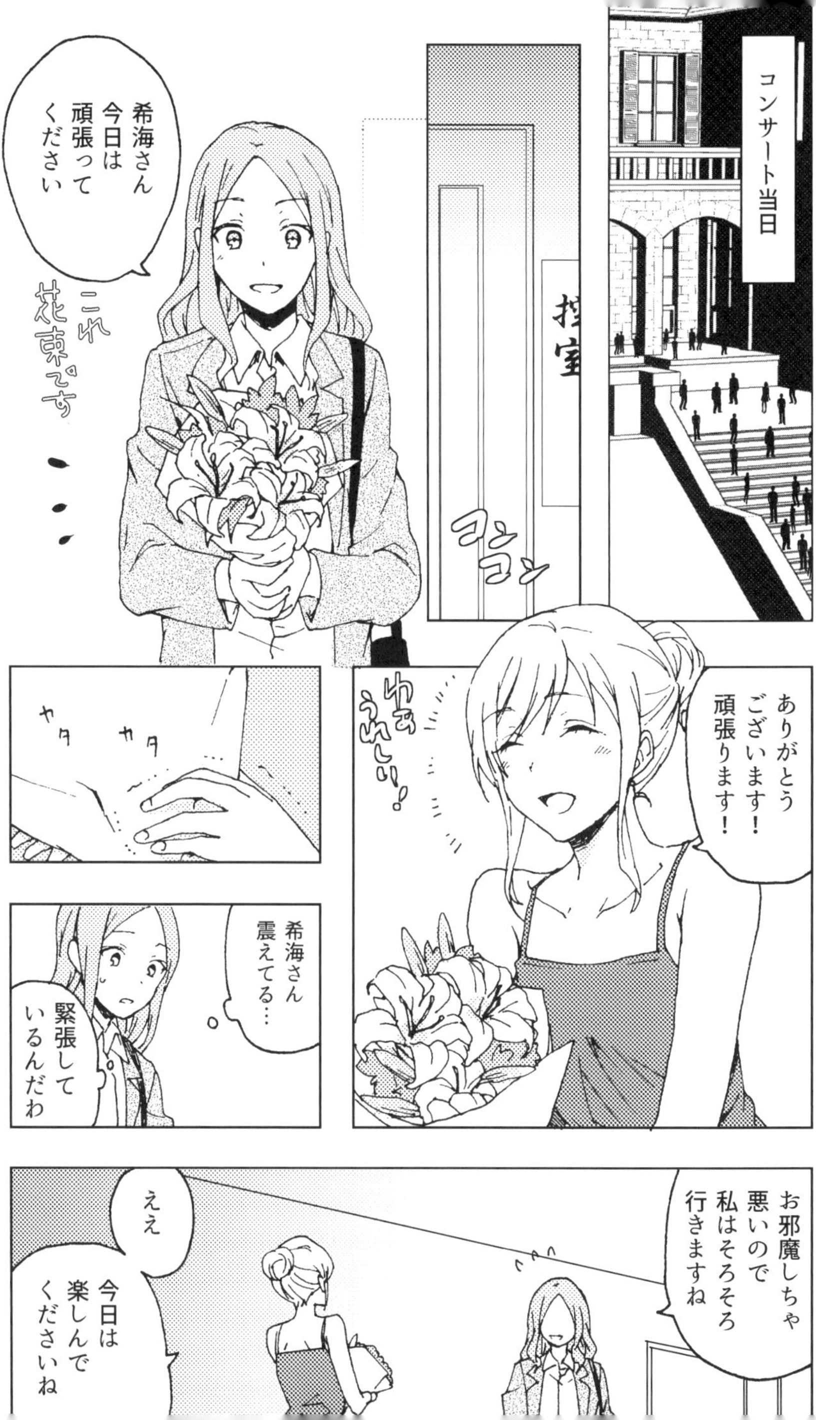

コンサート当日
控室
コンコン
希海さん今日は頑張ってください
これ花束です
……
ありがとうございます！頑張ります！
わぁうれしい！
カタカタ
希海さん震えてる…
緊張しているんだわ
お邪魔しちゃ悪いので私はそろそろ行きますね
ええ
今日は楽しんでくださいね

ザワ
ザワ
…
すごい満席だ…
希海さんのお母さん…
全然ダメ！最初から！
まだ自分勝手な母親のイメージが拭《ぬぐ》えないけど…

このコンサートで
何かわかるはず
サーッ
パッ
何か——

えっ…泣いてる…？
この間の練習であんなに冷たい態度だったのに…
…あれは娘に対する母親なりの厳しさだったのかな…
…希海！
しっかりして希海！

希海！大丈夫…！
ぎゃっ
おかあ…さ…どこ…？
お母さんはここにいるわよ！わかる？
…まっくらで何も見えないよ
…？
パチパチ
おかあさん…
非常に残念ですが希海さんの目にはもう――
そんな…！

ジャー…
…希海？
ガチャ
あっ 見て お母さん！
私 バイオリン 弾けるよ！
目が 見えなくても 弾けたよ！

プルプル
……っ
…お母さん
どうしたの？
グス
？
…ふふ
なんでも
ないの
…希海は
バイオリン
好き？
うんっ
大好き！
じゃあお母さん
希海が大好きな
バイオリンが
できるよう
頑張るわ！
私も頑張る！

パチ
パチ
パチ…
あれ 希海さんのお母さんがいない…？
ガヤ
キョロ
ガヤ
フラ…
!?

井上さん！
大丈夫ですか⁉
バッ
ううう…
ヨロッ
きっと今までの緊張が一気に解けて…
すみません！誰か救急車を！
ザワ
ザワ…
は…はいっ！
ス…
…何かあったんですか？
ザワ
ザワ…

さっき女性が倒れたそうで…
えっ
……さん
…っかり！
あの声…内海さん？
井上さん！
しっかりして！
お母さん!?
希海さん！
お母さん しっかりして！
お母さん…
ぎゅっ…
ピーポー
ピーポ

ガコン
ガタタッ
ピーポーピーポー
ほっ・・・
はぁ…よかった…
チラ
って
あぁーっ！予約してた新幹線の時間過ぎてる！
うわぁあ
あああ ああぁ!!!
私のバカぁ
ビクッ
ビクッ

最終の新幹線は…
ダメだ 予約埋まってる……
うう…母さんに行けなくなったって連絡しなきゃ…
…会いたかったな…
ボソ…
行ってこいよ

先輩!?
まだ走れば間に合うだろ ほら
!?
これ 最終電車の…!
チケットの礼だ 早く行ってこい!
あとこれ 弁当
じ～ん
お弁当まで…
っありがとうございます!!
ダッ
ゆっくり旅してこいよ
急いだら何も見えないぞー

バタバタ
間もなく23番線より電車が発車します――
はー
間に合った…!
雪だ…
そういえばあのときも降ってたっけ…

御食事処
うつみ食堂
私　東京に行くから
バ
ン！
え？なんでまた東京に…
もう決めたの！私は東京で成功するって！
別にこっちで進学すればいいじゃない
もっと冷静になんなさいよ何も東京に行く必要はないって
うるさいなぁ！お母さんは自分のことしか考えてない！
どうせ私がいなくなって店の仕事を手伝ってもらえなくなるのが嫌なんでしょ！
そんな…

…あのときあんなこと言っちゃったけど母さんも私を心配してくれてたのかな…
そういえばお弁当の上の袋はなんだろ
ガサ
アラン
幸福論
クス
パラ
パラ
ピタ
!

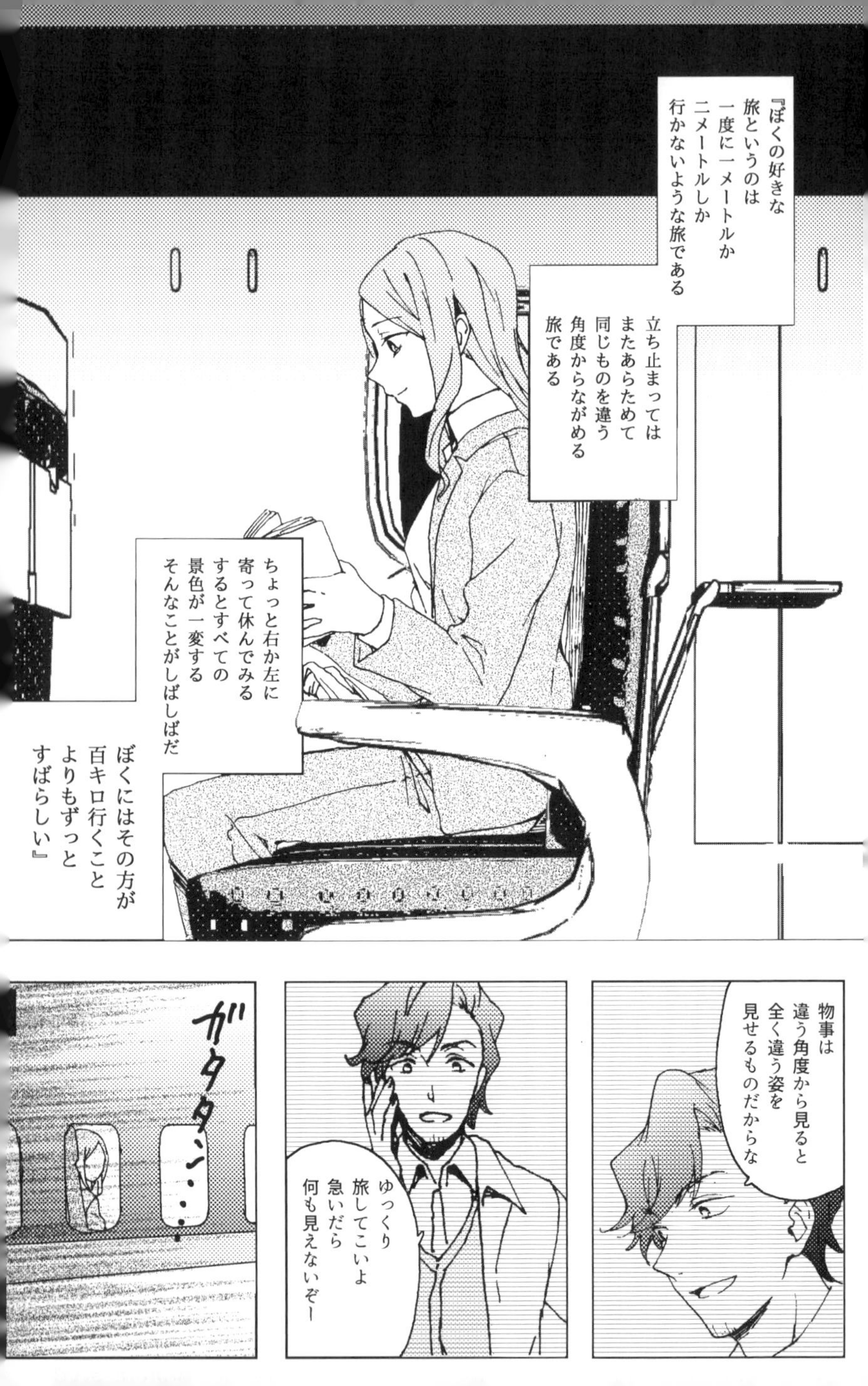
『ぼくの好きな旅というのは一度に一メートルか二メートルしか行かないような旅である
立ち止まってはまたあらためて同じものを違う角度からながめる旅である
ちょっと右か左に寄って休んでみるするとすべての景色が一変するそんなことがしばしばだ
ぼくにはその方が百キロ行くことよりもずっとすばらしい』
物事は違う角度から見ると全く違う姿を見せるものだからな
ゆっくり旅してこいよ急いだら何も見えないぞー
ガタタン・・・

うつみ
『他人に対して
また自分に対しても
親切であること
他人が生きるのを
支えてあげること
自分が生きていくのも
支えてあげること
ガラ ガラ
おかえり
…ただいま
これこそ ほんとうの 愛徳である
親切とは よろこびに ほかならない
愛とは よろこびに ほかならない』

Chapter 5 解説

親子には見返りのない愛がある

愛と幸福との間に相関性があることは、誰もがわかることでしょう。人は愛に満たされて、幸福を感じるものだからです。

問題は、愛は目に見えないことです。

おそらく空気や水と同じで、失ってはじめて気づくものなのかもしれません。恋人同士なら愛の言葉をささやき合うのでしょうが、家族となるとそうはいきません。日常生活の中で、厳しい言葉をぶつける機会のほうが多いのではないでしょうか。

それでも、一人暮らしを始めたりすると、愛に気づくのです。アランは言います。

「家族の中では、とりわけ家族同士が深い愛情で結ばれているときには、気兼ねをする者も、仮面をかぶる者もいない。だから、母親は自分の子どもの前で、自分がよい母親であることをあかしようなどとは考えない」

言わば、しっかりした子が**親からそっけなくされるのは、むしろ褒美だということ**です。いちいち確認しなくても、強い愛があるからこそ、そっけなく接するのです。

とすれば、家族がそっけないなどといって悩む必要はありません。そっけないからこそ強い愛があるのだと安心していればいいのです。

愛が幸福をもたらすのは、他人に対しても同じです。他人に親切にすれば、自分自身も幸福になるのです。

「他人に対して、また自分に対しても親切であること。他人が生きるのを支えてあげること、自分が生きていくのも支えてあげること。これこそ、ほんとうの愛徳である。親切とはよろこびにほかならない。愛とはよろこびにほかならない」

人を憎んでいるとき、私たちは幸福感を覚えませんし、相手を変えることもできません。できるのは、自分が変わることだけ。

だからこそアランは、「自分から微笑みかけろ」というのです。みんなが敵対する人や怒っている人に微笑みだしたら、世の中は愛に溢れ、万人が幸福になれるに違いありません。

ダッ

Chapter 6

幸福は いつだって連鎖する

～友人の幸せを心から祝福できるか～

内海はある日、同期・真央の結婚報告を聞く。だが、そのことを素直に祝福できない内海に対し、霧山は「幸福の連鎖」について話をする。

ひる出版
えーホントですかー？
すごーい♡
ウソじゃないってホントなんだって
ははは
カタ
カタ
カタ
カタ
真央ちゃんってさホントかわいいよね～
え～そんなことないですよ～
もう～えい！
ピト
また
やってる…
イラ
イライラ
真央は私と同期で入った事務職のスタッフだ
一緒に飲みに行くこともあるが　たまにイラっとすることもある
デレ～
男性社員の前だと態度がコロっと変わりあざとい感じがしてしまうからだ
カタ
カタ
カタ

翌日
おはようございまーす
わいわい
がやがや
真央？
またか…
何かあったんですか？
ああ内海
じつはさ真央ちゃんが今度結婚するんだって
ガンッ
えっ結婚!?
それで会社も辞めちゃうんだって寿退社だよ寿退社
そ　そうですか…
祐希お先に〜♡
待ってるからね
イッラァ…

先輩 今晩付き合ってくれませんか
ゴゴゴゴ…
なんだいきなり
さてはまた原稿がいきづまっ…
つ・き・あ・っ・てく・れ・ま・す・か？
おおお…

壽屋
先輩ビールでいいですよね！
すみませーん！
生2つ！
か、かしこまりました〜
……
どうしたんだよイライラして何かイヤなことでもあったのか？
きゅーっ
ダァン!!
先輩…
私あの子の結婚をなんだか素直によろこべないんです
なぜかイライラするんです
性格ひねくれすぎですか？

ああ
真央のことか
えへっ♡
別に俺は素直に祝福できるけどどうしたんだよ
だって〜真央の話になるといっつも男たちがデレッとしちゃってイヤなんですよね
なんか計算してる感じがイヤっていうか
まおちゃ〜ん♡
かわいい〜
ボディタッチが多いし…
ホント 男の人はああいうタイプに弱いですよね
いやまあ男がその手の女の子に弱いかどうかはともかく同じ職場の仲間が幸せになるんだから祝福できるだろ
男はみんな好きだぞボディタッチとか
いいか？アランの言葉で…

『僕はさらに幸福になる決意をした人たちを
報酬として何か市民の月桂冠のようなもので表彰することを提案したい』
またアランですかー…アランは実家に帰るときに先輩からもらった本でお腹いっぱいですよ
とにかくだ素直に祝ってやれよ幸福ってものは連鎖《れんさ》するものなんだぞ
連鎖ねぇーいつ繋がることやら…
チラ
ゴクゴク
？

じゃ お疲れ様です
おっ 今日は早いな
めずらしい
明日 友だちの結婚式なので美容院予約してて
スタ
スタ
ねー アレ見た？
見た見た！
…？
ピタ
泣きながら携帯で話してたんでしょ？普通じゃなかったよね
ヒソ
えっ そうなの!? もしかして婚約解消でもされたんじゃない？
ヒソ
ヒソ
ありえるかも
ウケる－

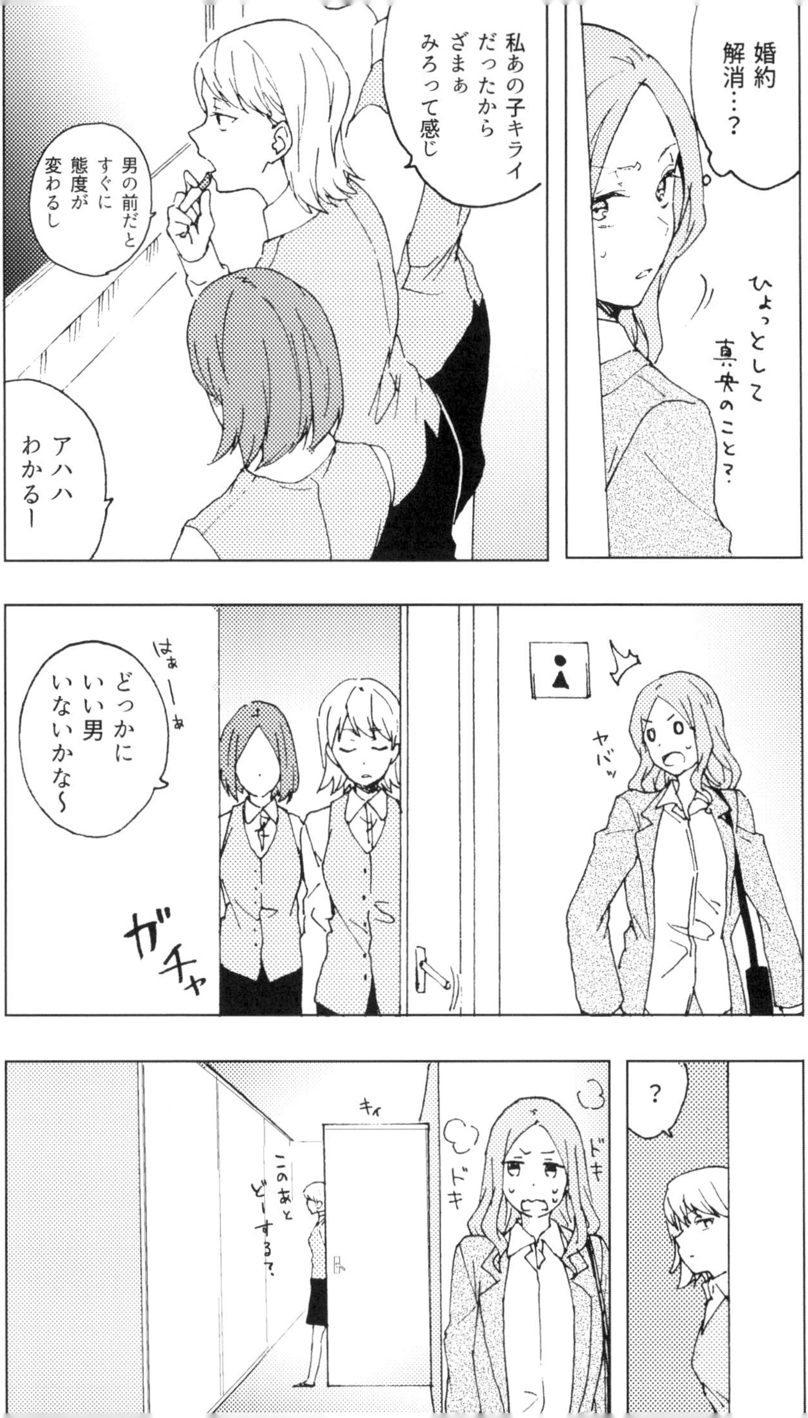
婚約
解消…？
ひょっとして
真央のこと？
私あの子キライ
だったから
ざまぁ
みろって感じ
男の前だと
すぐに
態度が
変わるし
アハハ
わかるー
ヤバッ
どっかに
いい男
いないかな～
はぁーぁ
ガチャ
？
ドキ
ドキ
キィ
このあと
どーする？

コッ
コッ
イイな～
はぁ…結婚かぁ
沙織キレイだったな～
私もいつかは…
って思うけど
出会いはないし
仕事も山積みだし…
仕事…。
ハッ
取材の資料
会社に置きっ
ぱなしだ…！
終電ギリギリだし
重いシャンパン抱えて
走りたくないけど…
二次会景品
お酒
好きで賞
タッ
やっぱり
走ろう！

ひる出版
やっと着いたー！
フラ
フラ
カチャ
多分こういう性格だから結婚とか遠いんだろうなぁ…
えっ！
鍵が開いてる!?
コソッ
なんで開いてるの…!? まさか泥棒…!?
屋上…？

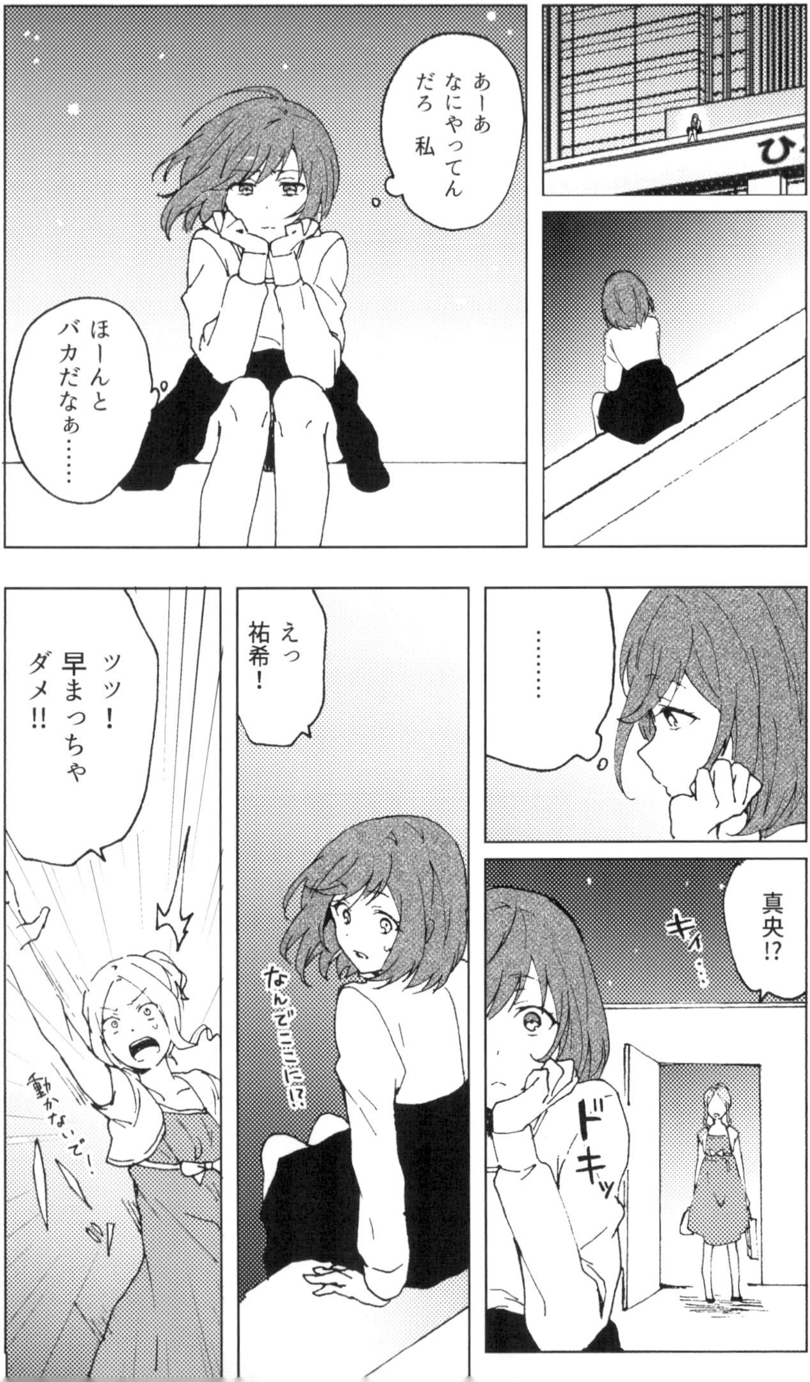

あーあ
なにやってんだろ　私
ほーんと
バカだなぁ……
……
真央!?
キィ……
ドキッ
えっ
祐希!
なんでここに!?
ッツ!
早まっちゃダメ!!
動かないで!

ガッ
ズテーーン
……
祐希…
バカっ!!
何やってんのよ!!
バッ
痛っいなぁーもう!!
あんたまさか
飛び降りようと
してたんじゃ…
!
飛び降りないよ
足つくし
大丈夫…
でも
飛び降りても
よかったかも

だってあの人
結婚詐欺師
だったんだよ!?
私だまされ
てたの！
だからっ
だから…！
だからって
死にたいだ
なんて…！
一度の失敗で
あきらめてんじゃ
ないわよ！
なんだってこんな
ところで…！
…っ
ギリッ
悔しかったの!!
どうせわからないわよ
え…!?

同期なのに
一流大学出身で
キレイで仕事もできて…
祐希がいつもうらやましかった
だからせめて早く結婚して見返したかった!
何よ それ…
私は高卒でただの事務だし
なんのとりえもない
どうやったら男の人に好かれるか必死に考えて生きてきたの…
でもいつも私の前には祐希がいた
それがスゴく悔しかったの…
そんなことない!
バッ
え…?

私だって自分に全然自信ないよ人に頼ってばっかりだし
ガサツで怒りっぽいし
さっきだって転んだし
職場だといつも男扱いだし
正直私のほうが真央をうらやましく思ってたわよ
ムネだってあるじゃん
どんなに困ってもすぐに自分でやれって怒られるし…
……ハハハッ
ハハい
じゃあじつはお互いにお互いをいいなって思っていただけなのかな
グス
そうかもね
あははは

なんだか
一緒に
笑い合うって
気持ちいいね！
ポッ
！
あのねっ
アランの言葉で
こんな言葉が
あるんだよ
えっと…
恥ずかしい
ゴソゴソ
？

えー、と
『人類の真の宝で
あるよろこびを
ともに育んで
行かねばならない
それこそ
偉大な賢人たちの
伝える奥義であり
また明日の光と
なるものである
情念は
悲しいものである
憎悪は
悲しいものである
アラン
幸福論
よろこびは
情念や憎悪を
殺すであろう』
『よろこびを
ともに育む』…か
アランだなんて
誰かさんに
似てきたん
じゃない？
かもね
アラン
幸福論

あっ そうだ！ 私シャンパン 持ってたんだった！ 一緒に飲もう！
さすが 祐希
なんだか飲みたく なってきた
あはは屋上で シャンパン 開けちゃうの？
いく
ウン
カンパイ！
祐希 飲みすぎ
あはは

おつかれさま
数日後
祐希
ちょっと
いい?
どうしたの?
仕事?
私ね
新しい彼氏
できたんだ
えっ
どんな人?
私がチェックしようか!?
ガタッ
大丈夫!
今度は真面目で
やさしい人だよ!
そっか…
よかったね!
おめでとう!
それなら安心だ
へへっ
ありがと!

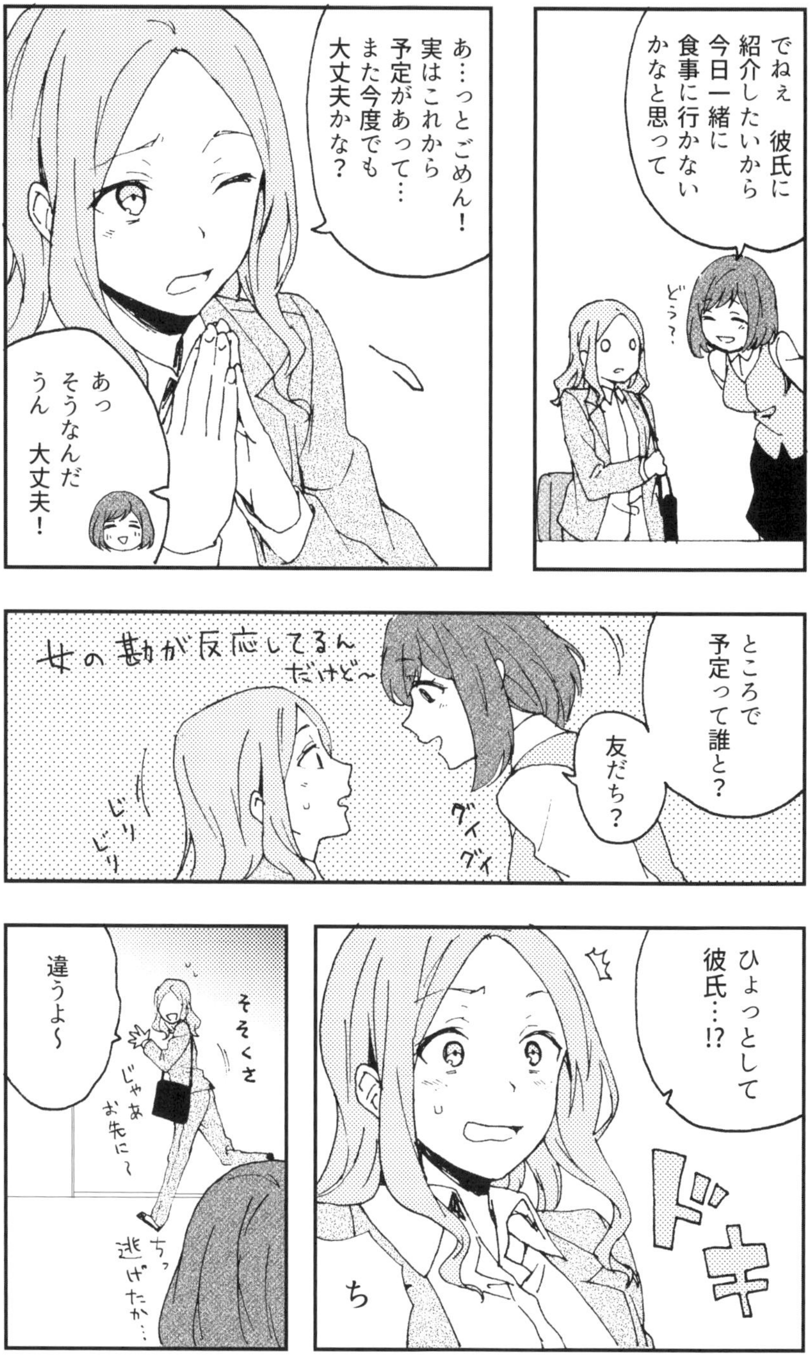
でねぇ　彼氏に紹介したいから今日一緒に食事に行かないかなと思って
どう？
あ…っとごめん！実はこれから予定があって…また今度でも大丈夫かな？
あっ　そうなんだ　うん　大丈夫！
ところで予定って誰と？
友だち？
女の勘が反応してるんだけど～
グイグイ
じりじり
ひょっとして彼氏…⁉
ドキ
違うよ～
そそくさ
じゃあお先に～
ちっ　逃げたか…

!
ダッ
んっ
ど

お ようやく 来たか
『友情のなかには素晴らしいよろこびがある
よろこびが伝染するものであることに気づけばそのことはすぐに理解される
僕がいることで友人が少しでもほんとうのよろこびを得るなら
そのよろこびを見た僕が今度はまたよろこびを感じるのである』

1年後……
内海さん 資料コピー まとめとき ました
ガヤ ガヤ
ありがとー
祐希 外線3番に 電話よ
プルルル…
オッケー
はいよ 飲むだろ
ありがとう ございます！

もう月曜から雨って本当にイヤなんですけど
ふぁ〜〜ぁ
サァァァ
なんだかヤル気がなくなるっていうか…
そんなこと言わないで頑張るわよ！
バシッ
いてっ
いい？
そんなときはこの言葉を思い出すのよ
アラン
幸福論
またアランっすか〜〜？
もう聴き飽きましたよ〜

んー……
『とりわけ雨の降るときこそ晴れ渡った顔つきをしたいものだ
だから
天気の悪いときにはいい顔を！』
アラン
幸福論
幸福論

Chapter 6 解説

よろこびはつながっていく

私たちは人に「幸せになって」と言います。でも、不幸のまま生きるのも本人の勝手なはずです。いったい、なぜ人は幸せにならなければいけないのでしょうか。これはアランいわく、**幸福は他人に対する義務**だからです。幸福になった人は、すばらしい手本を示してくれたのだから、大いにたたえられるべきなのだ、と。

たしかに、私たちは他人の幸せを妬《ねた》むことが多いです。しかし、それと同時に、他人の幸せに癒され、励まされることもあるはずです。

子どもたちの笑顔に癒されることもあれば、逆境を乗り越えて成功した人に励まされることもあるでしょう。

このように、幸福は周りの人を幸せにする力を持っているのです。これがもし、自分は不幸だという人ばっかりだと、不幸が蔓延して暗い世の中になってしまいかねません。

だからこそ、アランは次のように言うのです。

「幸福になる決意をした人たちを、報酬として何か市民の月桂冠のようなもので表彰することを提案したい」

幸福になった人は祝福されます。結婚式でも表彰式でも拍手喝さいを浴びます。これはその人をたたえると同時に、人々が幸福を見せても

私あの子の結婚を
なんだか素直に
よろこべないんです
なぜか イライラ するんです
性格ひねくれ
すぎですか？

『僕はさらに
幸福になる決意を
した人たちを
報酬として何か市民の
月桂冠のようなもので
表彰することを
提案したい』

らったことに感謝の意を表しているのです。

だから、もし、あなたが幸福を感じられないのであれば、幸福な人を探しましょう。幸せな人の周りには、必ず幸せな人たちがいるもの。**幸福は連鎖していく**のです。

アランの幸福論は、幸福になるための指南書。本書を読むことで幸福感に満たされます。その意味で、アランの幸福論を広めることは、幸福を広めることにもなっているのです。

アランは、「『ほんとうの生き方』の中に、僕は『楽しませるべし』という規則を入れたい」という一文を残していて、本書もまた同じ目的で書かれています。まんがにしてより読みやすくすれば、幸福はより広がることでしょう。

ぜひ皆さんも幸福になるための方法を世の中に広めていただければと思います。

著者

小川仁志（おがわ・ひとし）

1970年京都市生まれ。哲学者。山口大学国際総合科学部准教授。
米プリンストン大学客員研究員（2011年度）。京都大学法学部卒業後、伊藤忠商事に入社。その後、4年間のフリーター生活を経て、名古屋市役所に入庁する。市役所勤務の傍ら、名古屋市立大学大学院博士後期課程修了。博士（人間文化）取得。商店街で誰でも参加できる「哲学カフェ」を主宰するなど、専門の「公共哲学」の実践に努めている。
著書は『“常識”を疑うための哲学講義 あなたは間違っている』（あさ出版）、『7日間で突然頭がよくなる本』『世界のエリートが学んでいる教養としての哲学』（以上、PHP研究所）など多数。

まんが

シニオテルヤ

月刊少年ガンガンにて、4コマ漫画『ブラッドサッカーズ』掲載。
ソーシャルゲーム『俺タワー』（DMM）、『逆襲のドラゴンライダー』（メディアファクトリー／フロンティアワークス）などのキャラクターデザインを手がける。

〈まんが編集協力〉株式会社サイドランチ

Business ComicSeries
まんがで身《み》につく　幸福論《こうふくろん》
仕事《しごと》と人生《じんせい》を豊《ゆた》かにするアランの言葉《ことば》　〈検印省略〉

2016年　1　月　21　日　第　1　刷発行

著　者――小川仁志（おがわ・ひとし）
まんが――シニオテルヤ
発行者――佐藤 和夫

発行所――株式会社あさ出版
〒171-0022 東京都豊島区南池袋2-9-9 第一池袋ホワイトビル 6F
電　話　03（3983）3225（販売）
　　　　03（3983）3227（編集）
F A X　03（3983）3226
U R L　http://www.asa21.com/
E-mail　info@asa21.com
振　替　00160-1-720619

印刷・製本（株）光邦
乱丁本・落丁本はお取替え致します。

facebook　http://www.facebook.com/asapublishing
twitter　http://twitter.com/asapublishing

ISBN978-4-86063-845-0 C2034